＼ 人気料理家 5 人が伝授 ／

ふたりで食べる日の とっておきレシピ

- 笠原将弘
- 坂田阿希子
- SHIORI
- 青山有紀
- ワタナベマキ

講談社

はじめに

数ある料理本の中からこの本を手にとっていただいたということは、
きっと「大切な人のためにおいしいごはんを作れるようになりたい」
「今よりもっと料理上手になりたい」と思っている方でしょう。

料理動画サービス「ゼクシィキッチン」は、
初めて料理に挑戦する人やステップアップしたい方が、
よりわかりやすく、おいしい料理を作れるように、
という気持ちから誕生しました。

実際の手順を目で見て、先生の声で説明を聞いて、
わかるまで何度でも繰り返し見ることのできる
解説動画と便利なアプリの機能を使い、
おうちのキッチンでまるで料理教室に通っているように
基礎から料理を学ぶことができるよう工夫しています。

この本では、5名の人気シェフや料理研究家がそれぞれのコンセプトで、
あなたが大切な人から「また作って」と言われること間違いなしの
「とっておきのレシピ」を提案してくれました。
文字と写真、アプリの解説動画を併せてご覧いただくと、
お料理に自信がなくても驚くほど手際よく、おいしくできるはずです。

おいしい料理は人を幸せにしてくれ、誰もが笑顔になります。
あなたと大切な人がおいしいものを囲んで
もっと笑顔になれますように。
そして、ますますお幸せに！

アプリをダウンロード！

ゼクシィキッチンとは？

話題のお店のシェフや人気料理研究家100名以上のレシピ動画を3000本以上収録するレシピサービス。料理の基本はもちろん、特別な日のおもてなしなど、シーンに応じて使えます。
（基本無料 ※一部機能有料）

ゼクシィキッチンのウェブサイトをチェックする
https://zexy-kitchen.net/

ゼクシィキッチンのアプリをダウンロードする
https://zexy-kitchen.net/app

アプリにはこんな便利機能も

●買い物リスト
タップすると、料理に使う材料が買い物リストに追加されます。

●タイマー
ワンタップでタイマー開始。あわててセットしなくてもOK。

●クリップ
お気に入りのレシピを保存することができます。

●ごちそうフォト
作った料理の写真にコメントを添えて投稿できます。

※2017年3月時点の情報です。
ウェブやアプリのサービスは提供者都合により形態を変更する可能性がありますのでご了承ください。

Contents

- 2 はじめに
- 7 この本の上手な使い方／この本の決まり
- 8 この本で使われているだし汁のとり方

- 94 プロフィール

Scene 1 なんでもない日の幸せ和ごはん

笠原将弘さんに教わる
男が好きな和のおかず

「男は"甘辛い""塩きっちり"など、はっきりした味が好き。和食でもそこを意識して」

- 10 えびとはんぺんの落とし焼き
- 12 ぶりのステーキ 和風オニオンソース
- 13 豚ばら焼きめし
- 14 フライパンで作るかぶら蒸し
- 16 ほうれんそうの明太和え
- 17 里いもの煮っころがし
- 18 自家製じゃこ山椒
- 19 鯛のだし茶漬け

とっさのときにも効果絶大！
男が好きな和の定番おかず

- 20 豚のしょうが焼き 薬味キャベツ添え
- 21 親子丼／鶏のから揚げ
- 22 肉じゃが／豚汁
- 23 鶏の照り焼き／鶏のしゃぶしゃぶ
- 24 あさりの酒蒸し／香りにら玉

Scene 2 ふたりでまったり晩酌する日

坂田阿希子さんに教わる
さっと出せる常備菜のおつまみ

「お酒が好きな男性には、待たせずさっと1品。ご飯なしで成立するボリューム感も」

お肉を漬けておくだけで、おつまみもおかずもスグできる

- 26 豚肉の梅みそ漬け
- 27 鶏肉のレモンオイル漬け
- 28 ポークソテー(豚肉の梅みそ漬けを使って)
- 30 チキンソテー(鶏肉のレモンオイル漬けを使って)
- 32 豚肉ときゅうりの炒め物(豚肉の梅みそ漬けを使って)
- 33 しっとりレモン蒸し(鶏肉のレモンオイル漬けを使って)
- 34 鶏レバーと卵のウスターソース漬け
- 35 干物入りポテトサラダ
- 36 彩り野菜の韓国風マリネ
- 37 和風カポナータ

漬けておくだけでおいしい
常備菜おつまみ

- 38 きゅうり、鶏肉、とうもろこしの炒めマリネ
- 39 かぶとたらこのマリネ／大根の甘酢漬け
- 40 れんこんのレモンマリネ／枝豆ととうもろこしのセビーチェ
- 41 ゴーヤのベトナム風マリネ／揚げかぼちゃのマリネ
- 42 かきのコンフィ／新じゃがいものシャキシャキサラダ

Scene 3 彼から「これ大好物!」と言われたいとき

SHIORIさんに教わる
彼が「また作って」という定番おかず

「誰もが好きな定番おかず。できたらすぐ食べてもらうのが"おいしい"と言わせるコツ」

- 44 具だくさんタコライス
- 46 チキンステーキ ガーリックソース
- 47 クイックビーフカレー
- 48 煮込みハンバーグ
- 50 にら麻婆豆腐
- 51 鶏手羽のうまから揚げ
- 52 チキンドリア
- 54 韓国風豚キムチパスタ
- 55 手軽に本格! 回鍋肉
- 56 あじの蒲焼き丼
- 57 シーザー風ポテトサラダ

「あともう1品」というときの
簡単おいしい副菜5品

- 58 豆もやしのナムル
- 59 アボカドと白身魚の塩昆布和え／えびとセロリのマリネ
- 60 ひじきとちくわの梅おかか炒め／カリカリじゃことにんじんのサラダ

Scene 4 お腹をすかせた彼が急に来たとき

青山有紀さんに教わる
家にあるもので手早く作れる満足おかず

「作ってあげたい人ができたら卵と豆腐だけはいつも冷蔵庫に入れておきましょう」

- 62 豆腐のにんにくじょうゆステーキ 豚肉添え
- 64 すき焼き風肉豆腐
- 65 キャベツと卵のおいなり煮
- 66 鶏肉と根菜と豆腐の和風鍋
- 68 ポテトのベーコンチーズ焼き
- 70 具だくさんのお手軽かにたま

卵と豆腐おかずで
深夜の小腹対策
- 71 明太子入りのお手軽卵焼き
- 72 具だくさんの炒り豆腐／鶏とごぼうのつくね
- 73 なすと厚揚げのみそ炒め／厚揚げのねぎおかかのせ

余った野菜で
ヘルシー簡単副菜
- 74 揚げさばと野菜のねぎしょうがだれ
- 75 キャベツの塩もみ すだち風味／せん切り野菜たっぷりのおつゆ
- 76 なすときゅうりの浅漬け／シャキシャキピーマンの梅おかか和え

Scene 5 彼の友だちカップルとワイワイ

ワタナベマキさんに教わる
センス抜群のおもてなし料理と手みやげ

「テーブルに出してからその場でパパッと仕上げをすると華やかに演出できますよ」

- 78 じゃがいもと漬け卵のサラダ
- 80 豚肉となすとトマトのチリ煮込み
- 81 鶏肉のマスタードグリル
- 82 魚介のセビーチェ
- 84 セロリとえびの春巻き
- 85 マッシュルームとサラミのアヒージョ
- 86 ゴルゴンゾーラのパウンドケーキ
- 87 オレンジとグレープフルーツのスコップケーキ

テーブル映え抜群の
おもてなし副菜
- 88 カラフルピンチョスサラダ
- 89 ころころコブサラダ／コーンとアーモンドの混ぜご飯
- 90 ツナとゆで卵のサラダ／にんじんとくるみのエスニックサラダ
- 91 たこのマリネ／豚肉とあさりの白ワイン煮
- 92 じゃがいものポタージュ／カリフラワーの白いスープ
- 93 鮭ときのこのホイル蒸し

この本の上手な使い方

写真を見て「作りたい！」と思うお料理を選ぶ

まずは本で写真を見て、作ってみたいなと思うお料理を選びましょう。「彼が喜びそう！」というのでももちろんOK。仕上がりをイメージすることが原動力になるのです。

ふたりで食べるシーンによってお料理を選ぶ

しっかり食べたいご飯のおかず、家飲み用のおつまみ、友だちカップルをもてなすときなど、そのときどきのシーンによってふさわしいメニューを選べるショルダーが付いています。

材料と作り方を文字でチェックする

手に入りにくい材料や難しい工程はありませんが、「これならできそう」「やってみたい！」と思うレシピを選んでみるのも正解。

実際の手順やコツを料理家実演の動画で見る

この本に掲載されているレシピは、すべて「ゼクシィキッチン」および専用アプリで動画が公開されています。本ではゆっくりとレシピを読み、手の動きや鍋の中の様子は動画で確認できます。

本と一緒にアプリも使おう

この本の決まり

○大さじ1は15㎖、小さじ1は5㎖です。
○電子レンジの加熱時間は600Wを目安にしています。
　機種によっても異なるので、様子を見ながら加熱してください。
○しょうゆは特に指定がない場合は濃い口しょうゆを使っています。
○「正味」と表記された材料は、さやや軸、皮など食べない部分を除いた分量です。

この本で使われているだし汁のとり方

笠原さん、坂田さんの「かつおだし」

● 材料〈作りやすい分量〉
水 ▶ 1ℓ
昆布（10cm角）▶ 1枚（10g）
かつお節 ▶ 30g

● 作り方
① 鍋に材料をすべて入れて強火にかける。
② 沸騰したら弱火にし、5分ほど煮る。
③ キッチンペーパーを敷いたざるでこし、かつお節に残っただしも、お玉の丸い部分などで押さえてしっかり絞る。
④ ここから必要な分量を使用する。

このだし汁を使う料理
→ P.14［フライパンで作るかぶら蒸し］、P.17［里いもの煮っころがし］、P.19［鯛のだし茶漬け］、P.21［親子丼］、P.22［豚汁］、P.24［香りにら玉］、P.37［和風カポナータ］

青山さんの「昆布と削りがつおの一番だし」

● 材料〈作りやすい分量〉
水 ▶ 1ℓ
昆布（10cm角）▶ 1枚（6g）
かつお節 ▶ 25g

● 作り方
① 鍋に分量の水と、表面を軽くふいた昆布を入れ、弱めの中火でゆっくり加熱する。
② 昆布がしっかり広がってやわらかくなったら、沸騰直前に取り出す。
③ かつお節を加えて火を止め、かつお節が自然に沈むのを待つ。
④ キッチンペーパーを敷いたざるでこす。ここから必要な分量を使用する。

このだし汁を使う料理
→ P.65［キャベツと卵のおいなり煮］、P.66［鶏肉と根菜と豆腐の和風鍋］、P.75［せん切り野菜たっぷりのおつゆ］

Scene 1

なんでもない日の幸せ和ごはん

笠原将弘さんに教わる
男が好きな和のおかず

男好みの和食は男性料理人に聞け！ そこで、笠原将弘さんが〝僕が女性に作ってもらいたい料理〟をセレクト。ボリュームがあるだけではなく、ちょっと懐かしくてホッとする家庭の味、そして簡単なのに実は本格派の和食が彼の胃袋をつかみます。

［えびとはんぺんの落とし焼き］

プリプリしてうまみたっぷりのえびは、たいていの男子の大好物。和食屋さんでは白身魚のすり身を入れてうまみを重ねますが、ここでは簡単にはんぺんで代用。でも彼から「こんなのうちで作れるの!?」と驚かれるはず！

● 材料〈2人分（10個分）〉

えび（むきえびでもよい）▶ 200g
はんぺん ▶ 2/3枚（100g）
A ｜ 酒 ▶ 大さじ1
　｜ 片栗粉 ▶ 大さじ1
B ｜ 卵黄 ▶ 1個分
　｜ 塩 ▶ 小さじ1/2
　｜ みりん ▶ 大さじ1
　｜ 片栗粉 ▶ 大さじ4
サラダ油 ▶ 大さじ1
すだち ▶ 適宜

● 作り方

① えびは殻がついていればむき、竹串で背わたを除き、Aをもみ込む。出た汚れを水で洗い、キッチンペーパーで水けをふく。
② えびを包丁でたたき、粗いペースト状にする。
③ ポリ袋にはんぺんを入れ、袋の外側からよくもんで形がなくなるまでつぶす。全体がペースト状になったら、2のえびとBを加えて全体を均一に混ぜる。
④ フライパンにサラダ油をひく（まだ火にはかけない）。3のポリ袋の角をキッチンばさみで2cmほど切り、そこからフライパンにたねを丸く絞り出す。これを10個作り、水でぬらしたスプーンで平らな円形に形をととのえる。
⑤ 4のフライパンを中火にかけて2分ほど焼き、焼き色がついたら返し、同様に焼く。中まで火が通ったら器に盛り、あれば半分に切ったすだちを添える。

Point すだちがない場合は、しょうがじょうゆ、おろし大根＆レモンなど、香りをつけた調味料を添えると本格度がアップします。

［ぶりのステーキ 和風オニオンソース］

ぶりは手頃な値段で買え、しかも脂がのったうまみのある魚。魚料理が苦手な男性でも、にんにくと玉ねぎの香りのソースをかければ、お肉感覚で白いご飯片手にぺろりと平らげてくれそうです。

● **材料〈2人分〉**

- ぶり（切り身）▶ 2切れ
- 玉ねぎ ▶ ⅓個
- にんにく ▶ 1かけ
- a
  - 酒 ▶ 大さじ2
  - しょうゆ ▶ 大さじ2
  - みりん ▶ 大さじ2
  - 砂糖 ▶ 大さじ1
  - 酢 ▶ 大さじ½
- 薄力粉 ▶ 適量
- 塩 ▶ 少々
- 粗びき黒こしょう ▶ 少々
- サラダ油 ▶ 大さじ1
- レタス、トマト ▶ 各適宜

● **作り方**

① 玉ねぎはすりおろし、ざるに上げて自然に水けをきる。にんにくは薄切りにする。

② ボウルに1の玉ねぎ、aを入れて混ぜ合わせ、和風オニオンソースを作る。

③ ぶりの両面に塩、こしょうをふり、薄力粉をまぶし、余分な粉をはたく。

④ フライパンにサラダ油とにんにくを入れて中火にかける。香りが立ったら、ぶりを皮目から並べ入れ、フライ返しで皮目をときどき押しつけながら3～4分焼きつける（にんにくは焦げそうならぶりの上にのせるとよい）。こんがり焼き色がついたら返し、同様に焼く。

⑤ ぶりの両面に焼き色がついたら、余分な脂をキッチンペーパーでふき取る。2のソースを加え、スプーンでソースをぶりにかけながら、30～40秒煮詰める。器に盛り、好みでせん切りのレタス、くし形切りのトマトを添える。

Point 余分な脂は酸化し、いやなにおいの原因になります。フライパンに脂が出てきたら、キッチンペーパーでふき取りましょう。

［豚ばら焼きめし］

なんでもない日の幸せ和ごはん

チャーハンじゃなくて、焼きめし。僕の焼きめしは、豚ばら肉をカリッと焼いて加えるのがおいしく食べさせるポイントです。ご飯もフライパンに焼きつけるようにすると、香ばしい香りで彼の食欲スイッチオン！

● 材料〈2人分〉

熱々のご飯 ▶ 丼2杯分
豚ばら薄切り肉 ▶ 150g
長ねぎ ▶ ½本
青じそ ▶ 5枚
卵 ▶ 2個
しょうゆ ▶ 大さじ1
塩 ▶ 2つまみ
粗びき黒こしょう ▶ 少々
サラダ油 ▶ 大さじ1

● 作り方

① 豚肉は2cm長さに切る。長ねぎはみじん切りにする。青じそは7〜8mm角に切る。卵は溶く。

② フライパンにサラダ油を中火で熱し、豚肉をほぐしながら炒める。軽く焼き色がついたら、塩、こしょうをふってさらに炒め、全体に焼き色がついたら、肉をバットなどにいったん取り出す(脂身は残す)。

③ 2のフライパンを再び中火にかけ、溶いた卵を流し入れ、手早く混ぜる。半熟状になったら、ご飯を加え、木べらでほぐしながら炒める。ご飯がほぐれて卵が均一に混ざったら、ご飯をフライパン全体に広げて3分ほど焼きつける。

④ 2の豚肉を戻し入れて軽く炒め合わせる。長ねぎ、青じそを加えてさっと炒めたら、ご飯を端に寄せてフライパンの中央をあける。そこにしょうゆを加えて軽く焦がし、全体を混ぜ合わせる。

Point ご飯はフライパンに広くならし、あまりいじらずに焼きつけます。しょうゆを最後に加えることで、香ばしい仕上がりに。

［フライパンで作るかぶら蒸し］

料亭などでも出されるような冬のごちそうです。ひと口食べるごとにほっこりと滋味豊かで、体もポカポカあたたまります。ちょっと風邪ぎみな彼や寒い日にさっと出せたらきっと感激されるはず。覚えておいて損のない一品です。

● 材料〈2人分〉

かぶ ▶ 2個
鯛（切り身）▶ 小1切れ（約80g）
かに缶（ほぐし身）▶ 1缶（50g）
しいたけ ▶ 2個
ぎんなん（水煮）▶ 4個
おろししょうが ▶ 1かけ分
卵白 ▶ 1個分
塩 ▶ 適量
ⓐ だし汁（かつおだし）▶ 150ml
　 薄口しょうゆ ▶ 大さじ1
　 みりん ▶ 大さじ1
ⓑ 片栗粉 ▶ 大さじ½
　 水 ▶ 大さじ1

● 作り方

① 鯛は骨を除き、一口大に切る。しいたけは軸を除き、薄切りにする。卵白は大きめのボウルで、しっかりと角が立つようメレンゲ状に泡立てる。ⓑは混ぜ合わせて水溶き片栗粉を作る。

② 鯛の両面に塩をふり、そのまま10分ほどおく。出てきた水けをキッチンペーパーでふき取る。

③ かぶは厚めに皮をむき、すりおろす。ざるに上げて余分な水けをきる。絞ったりせず、自然に水分を落とすこと。

④ 卵白を泡立てたボウルに③のかぶと、塩2つまみを加え、泡を消さないようにさっくりとスプーンで混ぜる。

⑤ フライパンに深さ2cmほど湯を沸かす。深さのある耐熱の器2個に、②の鯛、かに、しいたけ、ぎんなんを半量ずつ入れ、上から④をかける。器ごとフライパンに入れてふたをし、軽く湯が沸き立つくらいの火加減で12〜15分蒸す（火加減が強すぎると、湯がはねて器に入るので注意すること）。蒸し器の場合は蒸気が上がってから入れ、12〜15分蒸す。

⑥ その間に、小鍋にⓐを入れて火にかける。一煮立ちしたら、①の水溶き片栗粉を少しずつ加えて手早く混ぜてとろみをつける。最後に一度煮立たせて片栗粉に火を通す。

⑦ ⑤をフライパンから取り出し、⑥のあんをかけ、おろししょうがをのせる。

Point 水溶き片栗粉でとろみをつけるときは、一気に入れるとだまになることがあります。少しずつ様子を見ながら入れてください。

［ほうれんそうの明太和え］

彼の健康を気遣う身としては、青菜の小鉢は一品添えたいもの。男性にはあまりあっさりした味よりも、明太子のようなパンチのあるあえ衣が人気です。ごま油で香りをつけるのも忘れずに！

● 材料〈2人分〉

ほうれんそう ▶ ½わ
えのきだけ ▶ ½袋
明太子 ▶ ½腹
塩 ▶ 適量
しょうゆ ▶ 大さじ½
ごま油 ▶ 大さじ½
いり白ごま ▶ 適量

● 作り方

① ほうれんそうは4㎝長さに切る。えのきだけは石づきを除き、食べやすくほぐす。明太子は皮に切り目を入れ、中身をこそげ出してほぐす。
② 鍋に湯を沸かし、塩を入れ、ほうれんそう、えのきだけを20〜30秒ゆでる。ざるにとり、すぐに氷水につけ、冷めたら水けを絞る。
③ 2にしょうゆをまぶし、よく絞る。
④ ボウルにほぐした明太子を入れ、3、ごま油を加えてあえる。器に盛り、ごまをふる。

Point ほうれんそうは塩ゆですると味の流出が防げます。また、すぐにざるごと氷水につけることで色が鮮やかになり、味も抜けません。

［里いもの煮っころがし］

なんでもない日の幸せ和ごはん

外食が続くと、ふと煮物が食べたいと思う男性は多いので、いつでも作れる絶品の素朴系煮物をひとつマスターしておきましょう。煮汁を煮からめるくらいに転がすのがおいしく仕上げるコツ。

●材料〈2人分〉

里いも▶6個
だし汁（かつおだし）
　▶300mℓ
a 砂糖▶大さじ1½
　しょうゆ▶大さじ2
　酒▶大さじ2
サラダ油▶大さじ1
ゆずの皮▶適宜

●作り方

① 里いもは皮をむき、水で洗ってぬめりを取り、キッチンペーパーで水けとぬめりをよくふき取る。
② 小さめのフライパンにサラダ油と里いもを入れて中火にかける。表面が透き通るまで炒めたら、だし汁を加える。煮立ったら、アルミホイルを丸く成形した落としぶたをし、弱火で10分ほど煮る。
③ aを加え、再びアルミホイルの落としぶたをし、さらに10分ほど煮る。
④ 落としぶたを取って強火にし、鍋をゆすって里いもを転がしながら、3分ほど煮詰める。煮汁が少なくなったら全体にからめて器に盛り、あればせん切りにしたゆずの皮をのせる。

Point 落としぶたは専用のものがなくても、アルミホイルを鍋の内側に合わせて丸く成形し、ふわっとのせれば大丈夫です。

［自家製じゃこ山椒］

京都のおみやげなどでいただくじゃこ山椒も、笠原式ならおうちでとっても簡単に作れます。常備菜として作っておけば、夜食のお茶漬けやお弁当、おむすびにも使え、やりくり上手の第一歩！

● 材料〈作りやすい分量〉

ちりめんじゃこ
▶1パック（70〜80g）
実山椒のつくだ煮 ▶ 10g
酒 ▶ 100㎖
ⓐ しょうゆ ▶ 大さじ1
薄口しょうゆ ▶ 大さじ1
みりん ▶ 大さじ2

● 作り方

① ちりめんじゃこをざるにのせ、熱湯を回しかけて塩抜きする。しっかりと湯をきって小鍋に移し、酒を回しかけてそのまま10分ほどおく。

② 1の鍋を中火にかけ、沸騰したらⓐを加えて混ぜる。アルミホイルを丸く成形した落としぶたをのせ、2〜3分煮る。

③ 煮汁が半量くらいに煮詰まったら、実山椒のつくだ煮を加える。弱火にし、焦げないようにときどき混ぜながら煮汁がほとんどなくなるまで煮詰める。

④ 3をバットなどに広げ入れ、冷ましながら水分をとばす。1週間ほど保存可能。

Point 最後は乾燥させるくらいのイメージでしっかり煮詰めて。たくさん作ったらラップで包んで保存袋に入れ、冷凍保存もできます。

[鯛のだし茶漬け]

鯛茶漬けはお刺身をご飯にのせ、熱々のだし汁をかけてほんのり熱を加えるのがおいしさのポイント。だし汁は必ず熱いものをかけてほしいので、テーブルで仕上げましょう。

●材料〈2人分〉

熱々のご飯 ▶ 茶碗2杯分
鯛(刺身用さく) ▶ 100g
三つ葉 ▶ 3本
刻みのり ▶ 適量
わさび ▶ 少々
塩 ▶ 2つまみ
ⓐ すり白ごま ▶ 大さじ1
　しょうゆ ▶ 大さじ1½
　みりん ▶ 大さじ½
Ⓑ だし汁(かつおだし) ▶
　　300㎖
　酒 ▶ 大さじ1

●作り方

① 鯛は5〜6㎜厚さのそぎ切りにする。三つ葉は1㎝長さに切る。
② バットなどにⓐを混ぜ合わせ、鯛を加えてあえる。
③ 小鍋にⒷを入れて火にかけ、沸騰したら塩を加えて混ぜる。
④ 器にご飯を盛り、②の鯛の汁けをきってのせる。三つ葉、刻みのりを散らし、わさびを添える。熱々の③をかける。

Point ⓐの材料で作る「ごまじょうゆ」はどんな魚にも合います。お刺身に添えるだけでも本格的な味になるのでおすすめです。

[豚のしょうが焼き 薬味キャベツ添え]

\まだある!/

とっさのときにも効果絶大！
男が好きな和の定番おかず

多くの男性が子供の頃から大好きな和の定番おかずといえば、鶏のから揚げや豚のしょうが焼きなどのボリュームメニュー。考え抜かれた笠原流レシピなら、「あれ食べたい」のリクエストにもワンランク上の味つけで即対応可能です。

●材料〈2人分〉

豚ロース肉（しょうが焼き用）
▶6枚(240g)
キャベツ▶4枚
みょうが▶1個
貝割れ大根▶¼パック
薄力粉▶適量
サラダ油▶大さじ1

ⓐ 酒▶大さじ4
しょうゆ
　▶大さじ2
砂糖▶大さじ1
おろししょうが
　▶小さじ1

●作り方

① キャベツはせん切りにする。みょうがは根元を切り落とし、一番外側の皮を1枚むく。縦半分に切り、包丁の腹で軽くつぶしてからせん切りにする。貝割れ大根は根元を切り落とし、長さを3等分に切る。

② 大きめのボウルにたっぷりの水と1の野菜をすべて入れ、水の中で軽く混ぜ合わせる。そのまま5分ほど水にさらし、野菜がシャキッとしたら、ざるに上げて水けをきる。

③ ⓐは混ぜ合わせる。

④ 豚肉の両面に薄く薄力粉をまぶす。フライパンにサラダ油を中火で熱し、豚肉を1枚ずつ重ならないように並べ入れる。なるべく触らずに2分ほど焼き、こんがりと焼き色がついたら返し、同様に焼く。

⑤ 両面焼けたら弱火にし、余分な脂をキッチンペーパーでふき取る。3を回し入れ、肉を何度か返しながら全体に混ぜ合わせたⓐをからめる。たれが煮詰まって照りが出てきたら器に盛り、2の野菜を添える。

［親子丼］

● 材料〈2人分〉
温かいご飯 ▶ 丼2杯分
鶏もも肉 ▶ ½枚（150g）
卵 ▶ 4個
長ねぎ ▶ ½本
三つ葉 ▶ 5本
刻みのり ▶ 適量
ⓐ だし汁（かつおだし）▶ 120㎖
　 しょうゆ ▶ 大さじ2
　 みりん ▶ 大さじ2

● 作り方
① 長ねぎは斜め薄切りにする。三つ葉は1㎝長さに切る。
② フライパンを油をひかずに強火で熱し、鶏肉を皮目から入れる。フライ返しなどで押さえながら3分ほど焼き、皮目にこんがりと焼き色がついたら取り出す。2等分に切り、1㎝厚さのそぎ切りにする。
③ ここからは1人分ずつ作る。鍋にⓐの半量を入れて火にかけ、鶏肉、長ねぎの各半量を加える。
④ ボウルに卵2個を割り入れ、菜箸で軽く溶く。
⑤ 3が一煮立ちしたら、弱めの中火にし、4の半量を菜箸を伝わせながら回し入れる。ふたをして10秒ほど煮て、卵が少し固まったら、残りの卵を同じように回し入れる。三つ葉の半量を散らし、再びふたをして10秒ほど煮る。
⑥ 器にご飯を盛り、5をかけ、刻みのりを散らす。これをもう一度繰り返す。

［鶏のから揚げ］

● 材料〈2人分〉
鶏もも肉 ▶ 1枚（300g）
薄力粉 ▶ 大さじ1
溶き卵 ▶ ½個分
片栗粉 ▶ 適量
揚げ油 ▶ 適量
ⓐ しょうゆ ▶ 大さじ1½
　 みりん ▶ 大さじ1½
　 粗びき黒こしょう ▶ 少々
レモン（くし形切り）▶ ½個
しし唐 ▶ 適量

● 作り方
① 鶏肉は大きめの一口大に切る。ボウルに入れてⓐを加えてもみ込み、そのまま10分おく。
② 1に溶き卵と薄力粉を加え、手でよくもみ込む。余分な汁けを軽くきる。
③ バットに片栗粉を入れ、2の表面に隅々までまぶす。手で軽く握って形をととのえる。
④ 揚げ油を170℃に熱し、3の鶏肉を1切れずつ入れる。触わらずに1分揚げてから、箸で軽くほぐし、温度ムラをならす。さらに2分揚げ、バットに取り出す。そのまま3分休ませる。
⑤ 再び揚げ油を170℃に熱し、4の鶏肉をもう一度揚げる。鶏肉を空気に触れさせるように揚げ網などで混ぜながら2分揚げ、バットに取り出す。器に盛り、素揚げしたしし唐とレモンを添える。

なんでもない日の幸せ和ごはん

まだある！ 男が好きな和の定番おかず

[肉じゃが]

●材料〈2人分〉

豚ばら薄切り肉▶200g
じゃがいも（メークイン）▶2個
玉ねぎ▶½個
にんじん▶½本
絹さや▶8枚
a ┃ 昆布(5㎝角)▶1枚
　┃ 水▶400㎖
　┃ しょうゆ▶大さじ3
　┃ 砂糖▶大さじ2
　┃ 酒▶100㎖

●作り方

① 豚肉は7〜8㎝長さに切る。じゃがいもは大きめの乱切りに、玉ねぎは8等分のくし形切りに、にんじんは小さめの乱切りにする。絹さやはすじを取る。

② フライパンに油をひかずに豚肉を入れ、中火〜強火で炒める。肉の色が変わったら、バットなどにいったん取り出す。

③ 同じフライパンにじゃがいも、玉ねぎ、にんじんを入れ、強火で炒める。全体に軽く焼き色がついたら a を加える。

④ 一煮立ちしたら ② を戻し入れ、中火にする。アルミホイルを丸く成形した落としぶたをして10分ほど煮る。

⑤ 絹さやを加えて1〜2分煮たら、昆布を取り出す。火を強め、煮汁を少し煮詰める。

[豚汁]

●材料〈2人分〉

豚ばら薄切り肉▶100g
こんにゃく▶50g
大根▶4㎝
にんじん▶⅓本
しいたけ▶2個
だし汁（かつおだし）▶600㎖
みそ▶大さじ2½
みりん▶大さじ1
青ねぎ▶適量

●作り方

① 豚肉は5㎝長さに切ってさっと下ゆでする。青ねぎは小口切りにする。こんにゃくは一口大にちぎり、5分ほどゆでる。大根は3㎜厚さのいちょう切りに、にんじんは3㎜厚さの半月切りにする。しいたけは石づきを除いてちぎる。

② 鍋にだし汁、豚肉、大根、こんにゃく、にんじん、しいたけを入れて煮立たせ、弱火にして5〜6分煮る。

③ みそ、みりんを加えて温める。器に盛り、青ねぎを散らす。

［鶏の照り焼き］

●材料〈2人分〉
鶏もも肉 ▶ 1枚(300g)
なす ▶ 2本
大根 ▶ 3cm
卵黄 ▶ 1個分
塩 ▶ 1つまみ
酒 ▶ 大さじ3
みりん ▶ 大さじ2
しょうゆ ▶ 大さじ2
砂糖 ▶ 小さじ1
粉山椒 ▶ 少々
サラダ油 ▶ 適量

●作り方
① 鶏肉は皮目に浅く切り目を入れ、厚い部分はそぎ切りにして薄い部分に重ねる。
② なすはへたを除いて縦半分に切り、皮に斜めに2mm間隔の浅い切り目を入れる。
③ 大根はすりおろし、ざるに上げて水けをきる。ボウルに移し、卵黄と塩を加えて混ぜる。
④ フライパンにサラダ油をひき、1の鶏肉を皮目を下にして入れる。あいたスペースになすを皮目を下にして入れ、中火にかける。肉を5分ほど焼きつけ、皮がパリッとしたらすべて返し、ふたをして弱火で5分蒸し焼きにする。
⑤ 酒、みりん、しょうゆ、砂糖を順に加え、強火でからめながら煮詰める。煮汁が1/3量になり、照りが出たら粉山椒をふる。鶏肉は一口大に切り、なすと盛り合わせ、3を添える。

［鶏のしゃぶしゃぶ］

●材料〈2〜3人分〉
鶏胸肉 ▶ 1枚(300g)
レタス ▶ 1/2個
長ねぎ ▶ 1本
えのきだけ ▶ 1袋
大根 ▶ 1/3本
水 ▶ 800ml
昆布(5cm角) ▶ 1枚
酒 ▶ 100ml
しょうゆ ▶ 大さじ4
みりん ▶ 大さじ4

●作り方
① 鶏胸肉は皮をはずして2等分に切り、5〜6mm厚さのそぎ切りにする。皮はとっておく。レタスは食べやすくちぎる。長ねぎは斜め薄切りに、えのきだけは石づきを除いてほぐす。大根はピーラーなどでリボン状に半量ほどをむく。残った大根はおろして軽く水けをきる。
② 土鍋に分量の水、昆布、酒、しょうゆ、みりん、1の鶏皮を入れて中火にかける。
③ 2種類のたれを作る。ひとつはごま油大さじ2にわさび小さじ1/2、塩小さじ1/6 (各分量外)を混ぜる。もうひとつはしょうゆ、酢、みりん各大さじ2(各分量外)と1のおろし大根を混ぜる。
④ 2が煮立ったら野菜を入れ、鶏肉は泳がせるようにさっと火を通す。火が通ったものから3のたれをつけて食べる。

まだある！男が好きな和の定番おかず

なんでもない日の幸せ和ごはん

[あさりの酒蒸し]

● 材料〈2人分〉

あさり▶300g
a 水▶500㎖
　　塩▶小さじ1
水▶200㎖
酒▶50㎖
昆布(5cm角)▶1枚
青じそ▶5枚

● 作り方

① あさりはバットなどに広げ、aを混ぜた塩水を加える。アルミホイルをかぶせてふたをし、最低1時間、できれば2～3時間おいて砂抜きする。水の中で殻をこすり合わせるように表面の汚れを落とし、流水で洗ってざるに上げる。

② フライパンに*1*と分量の水、酒、昆布を入れて強火にかける。しっかり煮立たせてから弱めの中火にしてふたをし、5分ほど蒸し煮にする。

③ あさりの口が開いたらあくを除き、昆布を取り出す。ざく切りにした青じそを加えて軽く混ぜ、器に盛り、味をみて足りないようならしょうゆ(分量外)でととのえる。

[香りにら玉]

● 材料〈2人分〉

にら▶½わ
卵▶2個
だし汁(かつおだし)▶60㎖
薄口しょうゆ▶小さじ1
みりん▶小さじ1
ごま油▶大さじ1
粗びき黒こしょう▶少々

● 作り方

① にらは根元を切り落とし、5cm長さに切る。

② ボウルに卵を割り入れ、だし汁、薄口しょうゆ、みりんを加え、白身が残る程度に軽く混ぜる。*1*のにらを加えてさっくり混ぜる。

③ フライパンにごま油を熱する。油から煙が立つくらいになったら*2*を流し入れ、平らにならす。ふちが固まってきたら木べらなどで内側に折り込み、半熟状態で火を止める。器に盛り、こしょうをふる。

Scene 2

ふたりでまったり晩酌する日

坂田阿希子さんに教わる
さっと出せる常備菜のおつまみ

お酒に合うおつまみが絶好のタイミングで出てきてほしい、それは酒飲み共通の願い。ビールに合わせてまず一品なら梅みそ漬けの豚肉をさっと焼いて、白ワインなら干物のポテサラで。感激した彼は外に飲みに行かず、毎日あなたの待つ家に直行してしまうでしょう。

＼ コレは助かる！／
お肉を漬けておくだけで、おつまみもおかずもスグできる

みそだけでもおいしいのですが、梅干しの酸味が加わるとみそ自体がまろやかに。麹の力で肉がやわらかくなるから、厚めでも食べやすいんです。しかも厚めのお肉は見ためから男ウケ抜群！

［豚肉の梅みそ漬け］

● 材料〈2～4人分〉

豚とんかつ用肉（1.5cm厚さ、ロースまたは肩ロース）▶ 4枚
梅干し（塩だけで漬けたもの）
　▶ 大2個
a ┃ みそ ▶ 大さじ2
　┃ みりん ▶ 大さじ1
　┃ 酒 ▶ 大さじ1
　┃ 砂糖 ▶ 小さじ1

● 作り方

① 梅干しは種を除き、果肉を細かく包丁でたたいてペースト状にする。
② ボウルに 1 と a を入れて混ぜ合わせる。
③ 豚肉に 2 をまんべんなく塗る。ラップで1枚ずつ包み、冷蔵庫で一晩以上漬ける。翌日から使え、冷蔵庫で10日ほど保存可能。漬けるほどにしっとりとし、味が濃くなっていきます。

［豚肉の梅みそ漬け］を使ったレシピ
→ P.28［ポークソテー］、P.32［豚肉ときゅうりの炒め物］

今回はもも肉と胸肉を漬けますが、もちろんどちらかでもOK。レモンをゆずやかぼすに替えたり、オイルにごま油を使ったりとアレンジすれば、「またレパートリー増えた？」と言われそう！

［鶏肉のレモンオイル漬け］

● 材料〈2〜4人分〉

鶏もも肉 ▶ 1枚
鶏胸肉 ▶ 1枚
レモン（国産） ▶ 1/2個
にんにく ▶ 2かけ
塩 ▶ 小さじ1
オリーブオイル ▶ 200㎖
（鶏肉が隠れるくらいの量を目安に調整）

● 作り方

① 鶏もも肉は余分な脂肪やすじを除く。レモンは薄い輪切りにする。にんにくは芯を取って薄切りにする。

② 鶏肉の両面に塩をすり込む。

③ 2をバットに入れ、表面ににんにくとレモンを散らす。オリーブオイルを回しかけ、冷蔵庫で24時間以上漬ける。冷蔵庫で4〜5日保存可能。

［鶏肉のレモンオイル漬け］を使ったレシピ
→ P.30［チキンソテー］、P.33［しっとりレモン蒸し］

アプリをダウンロード！ 詳しい作り方を動画でもチェック！

ふたりでまったり晩酌する日

[ポークソテー]

豚肉の梅みそ漬けを使って

梅干しでまろやかになったみその旨みがしみ込んだ豚肉をこんがりソテーに。びっくりするほどしっとりした食感でいつものポークソテーよりもこってり味に仕上がります。白いごはんにも好相性。苦みと辛みのあるしし唐を添えることで、お酒好きな彼が喜ぶ味に。

●材料〈2人分〉

梅みそ漬けの豚肉（P.26）▶2枚
しし唐▶8本
ヤングコーン（生）▶4本
太白ごま油（なければサラダ油）
　▶大さじ3
しょうゆ▶少々
キャベツ▶適宜

●作り方

① しし唐は竹串で数ヵ所に穴をあける。ヤングコーンはさっとゆで、縦半分に切る。

② 豚肉についたみそは手でぬぐい、さっと水洗いしてキッチンペーパーで水けをふく。

③ フライパンに太白ごま油大さじ2を弱火で熱し、2の豚肉を入れる。しばらくは触らずに焼きつけ、焼き色がついたら返し、焦げないように何度か返しながら2～3分焼く。中まで火が通ったら、取り出して食べやすく切り、器に盛る。

④ フライパンの脂をキッチンペーパーで軽くふき取り、太白ごま油大さじ1を足す。強火で1のしし唐とヤングコーンを炒める。しょうゆを回しかけ、3に添える。好みでキャベツのせん切りを添える。

Point みそ漬けは焦げやすいので注意が必要。焦げつきの原因になるみそをきっちりふき取り、弱火でじっくり焼きましょう。

ふたりでまったり晩酌する日

［チキンソテー］

鶏肉のレモンオイル漬けを使って

中までじっくり味がしみ込んだ鶏肉は、シンプルに焼くだけでおいしい！ にんにくをきかせたきのこを添えれば、どんなお酒にも合い、食べごたえのあるおつまみになります。焼いている間に立ついい香りもごちそうになる一品。

●材料〈2人分〉

- オイル漬け鶏もも肉(P.27)▶2枚
- マッシュルーム▶6個
- しいたけ▶4個
- にんにく(オイル漬けで使用したもの)▶2かけ分
- レモン(オイル漬けで使用したもの)▶½個分
- オリーブオイル(オイル漬けで使用したもの)▶適量
- 塩▶少々
- こしょう▶少々

●作り方

① きのこ類は石づきを除き、マッシュルームは半分に、しいたけは縦4等分に切る。

② フライパンに油をひかずに鶏肉を皮目を下にして入れ、弱めの中火でじっくり焼く。ときどきスプーンの背で鶏肉を押さえ、皮から出た脂を回しかけながら、なるべく動かさずに3〜4分焼きつける。

③ 皮がパリッと焼けてこんがりと焼き色がついたら返す。またときどき肉を押さえながら焼き、中まで火が通ったら器に盛る。

④ フライパンの余分な脂をキッチンペーパーでふき取り、オリーブオイル、にんにくを入れて弱火で熱する。香りが立ったら1を加えて、強火で3〜4分じっくり炒める。焼き色がついたら、塩、こしょうで味をととのえ、レモンを加えてさっと炒める。3の鶏肉に添える。

Point きのこ類は強火で炒めることでジューシーでおいしくなります。香りのついた油もしみ込み、とっておきのつけ合わせに。

ふたりでまったり晩酌する日

［豚肉ときゅうりの炒め物］

豚肉の梅みそ漬けを使って

塩もみしたきゅうりはみそとの相性が良く、炒めてもパリッとしていて、しっとりした豚肉に食感をプラス。この食感と厚めのお肉のボリュームでご飯にも合うし、絶好のおつまみになります。

● 材料〈2人分〉

梅みそ漬けの豚肉(P.26) ▶ 1枚
きゅうり ▶ 2本
塩 ▶ 2つまみ
しょうゆ ▶ 少々
ごま油 ▶ 大さじ1

● 作り方

① きゅうりは縦半分に切ってティースプーンなどで種の部分をこそげ取り、1cm幅の斜め切りにする。塩をふってもみ、5分ほどおき、出てきた水けを絞る。豚肉についたみそは手でぬぐい、6〜7mm幅に切る。

② フライパンにごま油を熱し、1のきゅうりを強火でさっと炒める。色鮮やかになったらいったんバットなどに取り出す。

③ 2のフライパンで1の豚肉を炒める。焦げないように弱めの火で炒め、中まで火が通ったら2のきゅうりを戻し入れる。最後にしょうゆを回しかけて火からおろす。

Point きゅうりは水が出やすい野菜。いちばん水分の多い種の部分はあらかじめ除きます。最後まで強火でパパッと炒めるのがコツ。

[しっとりレモン蒸し]

鶏肉のレモンオイル漬けを使って

鶏の胸肉はもも肉に比べてヘルシーだけど、男ウケはいまいち。でもオイル漬けならしっとりしてやわらかく、箸が進みそう。片栗粉のとろみで旨みがひとつにまとまります。

● 材料〈2人分〉

オイル漬け鶏胸肉(P.27)▶ 2枚
長ねぎ▶ ½本
青ねぎ▶ 5本
しょうが▶ 1かけ
レモン(オイル漬けで使用したもの)
　▶ ½個分
a　酒▶ 大さじ2
　　レモン汁▶ 小さじ2
B　水▶ 50ml
　　鶏がらスープの素
　　　▶ 小さじ⅓
　　片栗粉▶ 小さじ2

● 作り方

① 鶏肉はオイルから取り出し、3等分に切る。長ねぎは半分を粗みじん切りにする。残りの長ねぎと青ねぎは斜め薄切りにして水にさらす。しょうがは薄切りにする。

② 耐熱ボウルに1の鶏肉、粗みじん切りにした長ねぎ、しょうが、aを入れてよくもみ込む。ふんわりラップをかけて電子レンジで2分30秒加熱する。

③ いったん上下を返してさらに2分加熱する。

④ Bとレモンを加えてよく混ぜる。再びラップをかけて電子レンジで1分加熱し、全体を返して4分加熱する。器に盛り、煮汁をかける。1の斜め薄切りにした長ねぎと青ねぎの水けをきり、のせる。

Point　電子レンジで加熱するときは、途中で一度上下を返すことで均一に火が通ります。加熱時間は様子を見ながら調整してみて。

ふたりでまったり晩酌する日

［鶏レバーと卵のウスターソース漬け］

ワインにも日本酒にも焼酎にも合う人気のおつまみ。その秘密はウスターソース。実はいろいろなスパイスが複雑にからみ合った味なので、どんなお酒にも合うのでしょうね。ゆで卵は彼好みのゆで加減に。

●材料〈作りやすい分量〉

- 鶏レバー▶100g
- ゆで卵▶4個
- しょうがの薄切り▶2枚
- a
  - ウスターソース▶200mℓ
  - 酢▶50mℓ
  - しょうゆ▶大さじ1

●作り方

① レバーは余分なすじや脂肪を除く。

② 小鍋に湯を沸かし、1のレバーを1〜2分ゆでる。湯から上げてキッチンペーパーで水けをふく。

③ ファスナー付きの保存袋に2のレバーを入れ、ゆで卵、しょうが、aを加える。なるべく空気を抜いて袋の口を閉じ、冷蔵庫で一晩以上漬ける。冷蔵庫で1週間ほど保存可能。

Point レバーは最初の処理がきちんとしていないと臭みが出ます。ペティナイフなど小さいナイフでていねいにすじなどを取りましょう。

［干物入りポテトサラダ］

ふたりでまったり晩酌する日

ポテサラは男性の好きなサラダNo.1とも言われていますから、バリエーションを覚えておきたいもの。干物の濃いうまみがおつまみにも最適な味のアクセントになる、大好評の一皿です。

● 材料〈作りやすい分量〉

あじの干物 ▶ 2枚
じゃがいも ▶ 3個
きゅうり ▶ 1本
ラディッシュ ▶ 3〜4個
ⓐ レモン汁 ▶ 大さじ1
　 しょうゆ ▶ 小さじ2
　 酢 ▶ 小さじ2
ⓑ マヨネーズ ▶ 大さじ2
　 塩 ▶ 小さじ½
　 こしょう ▶ 少々
　 オリーブオイル
　　 ▶ 大さじ2

● 作り方

① じゃがいもは皮つきのまま丸ごとゆでる。
② その間にあじを焼く。中まで火が通ったら、身をほぐして骨を取り除き、ボウルに入れる。
③ きゅうり、ラディッシュは小口切りにする。きゅうりは軽く塩（分量外）をふり、5分ほどおいて出てきた水けを絞る。ともに②のボウルに加え、ⓐを加えて混ぜる。
④ じゃがいもが竹串がすっと通るくらいまでやわらかくなったら、熱いうちに皮をむき、ボウルに入れて木べらで粗めにつぶす。軽く粗熱をとり、③とⓑを加えて、じゃがいもを軽くつぶしながらあえる。

Point じゃがいもは切らずに皮ごとゆでます。皮があることで、うまみがお湯に出ていかないからです。これがおいしく作るコツ。

〔彩り野菜の韓国風マリネ〕

一つ一つの野菜をごま油で炒めることで、食感が際立ち、素材の味もはっきりします。彼はそのひと手間に気付かずもりもり食べてしまうかもしれないけど、味の違いは必ず伝わりますよ!

● 材料〈作りやすい分量〉

- 大根 ▶ 10cm
- にんじん ▶ 1/2本
- きゅうり ▶ 1本
- しいたけ ▶ 3個
- いんげん ▶ 8本
- ⓐ おろしにんにく ▶ 少々
  - 砂糖 ▶ 大さじ2
  - 酢 ▶ 大さじ2
  - 塩 ▶ 小さじ1/2
  - しょうゆ ▶ 小さじ2
- いり白ごま ▶ 大さじ1
- 塩 ▶ 適量
- ごま油 ▶ 適量

● 作り方

① 大根とにんじんは3〜4mm幅、5〜6cm長さの拍子木切りにする。きゅうりは縦半分に切ってから、斜め薄切りにする。しいたけは軸を除き、薄切りにする。さやいんげんは下ゆでし、縦半分に切ってから、斜め2等分に切る。

② 別々のボウルに大根、にんじん、きゅうりを入れ、それぞれ軽く塩をふる。10分ほどおき、出てきた水けを絞る。

③ 大きめのボウルにⓐを混ぜ合わせる。

④ フライパンにごま油小さじ1を熱し、きゅうりをさっと炒める。熱いうちに③のボウルに加える。

⑤ ごま油を少しずつ足しながら、同様に大根、にんじんをさっと炒め、そのつど③のボウルに加える。

⑥ ごま油を少し多めに足し、しいたけを炒める。塩少々をふり、しんなりするまで炒めたら、③のボウルに加える。ごま油を足し、さやいんげんをさっと炒める。塩少々をふり、③のボウルに加える。最後にごまを加えてあえる。すぐ食べられるが、冷ますとより味がなじむ。冷蔵庫で2〜3日保存可能。

［和風カポナータ］

ふたりでまったり晩酌する日

イタリアの家庭的な野菜煮込みカポナータを、和風にアレンジした炒めびたし。オリーブオイルとにんにくの風味にかつおだしの旨みとしょうゆを効かせた、おつまみにもごはんのおかずにもなるとっておきの一品。

● 材料〈作りやすい分量〉

- 鶏もも肉 ▶ 1枚（200g）
- 玉ねぎ ▶ ½個
- なす ▶ 1本
- ズッキーニ ▶ 1本
- 赤パプリカ ▶ 1個
- かぼちゃ ▶ ⅙個
- トマト（ミディトマト） ▶ 6個
- にんにく ▶ 2かけ
- オリーブオイル ▶ 大さじ5
- 塩 ▶ 少々
- 粗びき黒こしょう ▶ 少々
- 薄力粉 ▶ 大さじ1
- ⓐ
  - だし汁（かつおだし） ▶ 100mℓ
  - レモン汁 ▶ ½個分
  - しょうゆ ▶ 大さじ4
  - 砂糖 ▶ 小さじ2
  - 粗びき黒こしょう ▶ 少々

● 作り方

① 鶏肉は一口大に切る。玉ねぎは1cm幅のくし形切りにする。なす、ズッキーニ、パプリカは乱切りにする。かぼちゃは小さめの一口大に切り、軽く電子レンジで加熱する。トマト（ミニトマトや普通のトマトでもよい）は半分に切る。にんにくは芯を取り、薄切りにする。

② 大きめのバットなどにⓐを混ぜ合わせる。

③ 鶏肉に塩、こしょうをふり、薄力粉をまぶす。

④ フライパンにオリーブオイル、にんにくを入れて弱めの中火で熱し、香りが立ったら③の鶏肉を加える。あまり動かさずに焼きつけ（にんにくは焦げそうなら鶏肉の上にのせるとよい）、焼き色がついたら返す。

⑤ いったんにんにくを取り出し、なす、ズッキーニを加えて炒める。少ししんなりしたら、玉ねぎ、赤パプリカ、かぼちゃを加えて2～3分炒め、にんにくを戻し入れる。熱いうちに②のバットに入れ、トマトを加えて冷ます。

[きゅうり、鶏肉、とうもろこしの炒めマリ

漬けておくだけでおいしい
常備菜おつまみ

マリネして味をしみ込ませておくと、素材はびっくりするほど実力を発揮します。お酒好きな彼のために"漬けておくだけ"でおいしいちょっとしたお料理を。

●材料〈作りやすい分量〉
鶏もも肉▶1枚(250g)
きゅうり▶2本
とうもろこし▶150g(正味)
長ねぎ▶½本
しょうが▶1かけ
塩、こしょう▶各少々
ごま油▶大さじ1
a │ 酒▶大さじ2
  │ しょうゆ▶小さじ2
  │ オイスターソース▶小さじ2
B │ 酢▶大さじ2
  │ 砂糖▶小さじ1
  │ 水▶50mℓ

●作り方
① 鶏肉は一口大に切る。きゅうりは1cm角に切り、しょうがはみじん切りにする。長ねぎは縦半分に切ってから1cm長さのぶつ切りにする。とうもろこしは生のまま包丁で実をはずし、熱湯で1〜2分ゆでる。Bは混ぜ合わせる。
② フライパンにごま油を熱し、しょうがを炒める。香りが出たら鶏肉を加えて色が変わるまで炒める。
③ きゅうり、とうもろこし、長ねぎを加えてさらに炒める。
④ 塩、こしょうをふり、aを加えて香りよく炒め合わせる。
⑤ 4を保存容器に入れ、Bをかける。30分ほどで味がなじみ、冷蔵庫で2〜3日保存可能。

[かぶとたらこのマリネ]

● 材料〈作りやすい分量〉
かぶ ▶ 6個
かぶの葉 ▶ 2個分
たらこ ▶ 1腹(50g)
レモン汁 ▶ 大さじ1
オリーブオイル ▶ 大さじ3
塩 ▶ 小さじ½
しょうゆ ▶ 少々

● 作り方
① かぶは薄切りに、葉は小口切りにする。
② ボウルに*1*を入れ、塩を加えてもみ、10〜30分おき、水けを絞る。
③ たらこは薄皮に縦1本の切り目を入れ、中身を包丁でしごいて出す。
④ 別のボウルにたらこ、レモン汁、オリーブオイルを入れて混ぜ、*2*を加えてあえる。仕上げにしょうゆを回しかける。冷蔵庫で2〜3日保存可能。

[大根の甘酢漬け]

● 材料〈作りやすい分量〉
大根 ▶ ⅔本
塩 ▶ 小さじ1
赤唐辛子 ▶ 2本
しょうが ▶ 1かけ
a 酢 ▶ 50㎖
　砂糖 ▶ 大さじ2
　塩 ▶ 小さじ1
ごま油 ▶ 大さじ2

● 作り方
① しょうがはせん切りにする。赤唐辛子はぬるま湯につけてもどし、小口切りにする。
② 大根は適当な長さに切って皮をむき、薄い輪切りにする。
③ *2*の大根に塩をふってもみ、10〜30分おく。水けが出たらしっかり絞る。
④ ボウルに*a*を入れて混ぜ、*3*を加えてよくあえる。
⑤ フライパンにごま油を熱し、*1*のしょうがと赤唐辛子を炒める。*4*にかけて軽くあえ、そのまま20分ほど漬ける。冷蔵庫で10日ほど保存可能。

ふたりでまったり晩酌する日 まだある！常備菜おつまみ

［れんこんのレモンマリネ］

●材料〈作りやすい分量〉
れんこん▶1本(200g)
レモンの皮▶1個分
レモン汁▶大さじ1
塩▶小さじ½
オリーブオイル▶大さじ3

●作り方

① れんこんは皮をむき、2～3mm厚さの薄切りにする。レモンの皮はよく洗ってせん切りにする。

② 鍋に湯を沸かし、酢少々(分量外)を加えて1のれんこんをさっとゆで、水にとって手早くぬめりを取る。

③ れんこんが温かいうちに水けをふき、バットなどに並べる。

④ レモン汁と塩をよく混ぜ、3にかける。さらにオリーブオイルをかける。

⑤ 1のレモンの皮を加え、20分ほどおく。冷蔵庫で4～5日保存可能。

［枝豆ととうもろこしのセビーチェ］

●材料〈作りやすい分量〉
枝豆▶100g(正味)
とうもろこし▶150g(正味)
パクチー(香菜)▶1わ
玉ねぎ▶¼個
にんにく▶½かけ
a　ライム果汁▶大さじ2
　　塩▶小さじ1
　　オリーブオイル▶大さじ3

●作り方

① 玉ねぎとにんにくはみじん切りにする。枝豆はゆでてさやから取り出す。とうもろこしは生のまま実を包丁ではずし、1～2分ゆでる。パクチーは飾り用に1本残し、2～3cm長さに切る。

② ボウルに1の玉ねぎとにんにく、枝豆、とうもろこしを入れ、aを加えて混ぜる。最後にパクチーを加えてさっくり混ぜる。器に盛り、パクチーを飾る。冷蔵庫で3～4日保存可能。

[ゴーヤのベトナム風マリネ]

● 材料〈作りやすい分量〉
ゴーヤ ▶ 1本
エシャロット（または小さめの玉ねぎ）▶ 1個
にんにく ▶ 1かけ
青ねぎ ▶ 1/3わ
赤唐辛子 ▶ 1本
サラダ油 ▶ 大さじ4
a ｜ ナンプラー ▶ 大さじ2
　｜ 酢 ▶ 大さじ2
　｜ 砂糖 ▶ 大さじ1 1/2
　｜ 塩 ▶ 小さじ1/2

● 作り方
① エシャロットとにんにくは薄切りに、青ねぎと赤唐辛子は小口切りにする。ゴーヤは縦半分に切ってスプーンでわたと種を除き、5〜6mm厚さに切る。軽く塩（分量外）をふってしばらくおく。
② フライパンにサラダ油を熱し、にんにくを色づくまで揚げ焼きにし、取り出す。エシャロットも同様に揚げ焼きにして取り出す。
③ ボウルに青ねぎを入れ、2の熱い油を一気にかける。
④ 2のフライパンにaを入れて一度沸騰させて冷まし、3のボウルに加えて混ぜる。赤唐辛子を加える。
⑤ 1のゴーヤをさっとゆで、水けをしっかりきる。別のボウルに入れ、熱いうちに4のたれをかけ、1時間ほど漬けると味がなじむ。食べるときに2のにんにくとエシャロットを加えて混ぜる。冷蔵庫で4〜5日保存可能。

[揚げかぼちゃのマリネ]

● 材料〈作りやすい分量〉
かぼちゃ ▶ 1/4個
にんにく ▶ 1かけ
a ｜ バルサミコ酢 ▶ 大さじ2
　｜ しょうゆ ▶ 大さじ2
粗びき黒こしょう ▶ 適量
オリーブオイル ▶ 適量

● 作り方
① かぼちゃはわたと種を除いて皮をところどころむき、3cmくらいの角切りにして軽く面取りをする。にんにくは薄切りにする。
② フライパンにたっぷりのオリーブオイルを熱し、1のにんにくを弱火で揚げ焼きにする。こんがりしたら取り出す。
③ 2のフライパンでかぼちゃを揚げ焼きにし、竹串がすっと通るくらいやわらかくなったら取り出して油をきる。
④ バットに3のかぼちゃを並べ、よく混ぜたaをかけ、2のにんにくを散らす。仕上げに黒こしょうをふる。冷蔵庫で3日ほど保存可能。

［かきのコンフィ］

● 材料〈作りやすい分量〉

かき▶500g

a
- にんにく▶2かけ
- 黒粒こしょう▶約10粒
- タイム▶2本
- 塩▶小さじ2/3

オリーブオイル▶適量

● 作り方

① かきはざるに入れて水洗いし、キッチンペーパーで水けをふく。aのにんにくは薄切りにする。

② 鍋に1のかきとaを入れ、オリーブオイルをひたひたに注ぐ。弱火にかけ、ふつふつした状態で20分ほど煮る。冷蔵庫で1週間〜10日保存可能。

［新じゃがいものシャキシャキサラダ］

● 材料〈作りやすい分量〉

新じゃがいも▶4個

しらす▶大さじ5

梅干し▶1個

かつお節▶適量

a
- 太白ごま油▶大さじ1
- しょうゆ▶小さじ1
- 塩▶小さじ1

● 作り方

① 梅干しは種を除き、梅肉を包丁でたたく。

② じゃがいもはごく細いせん切りにして10分ほど水にさらし、ざるに上げる。

③ じゃがいもに熱湯を回しかけ、冷水にとってぬめりを取る。水けをしっかりときる。

④ ボウルに3のじゃがいも、1の梅肉、しらす、aを入れて混ぜ、仕上げにかつお節をかけてあえる。冷蔵庫で1週間ほど保存可能。

Scene 3

彼から「これ大好物！」と言われたいとき

SHIORIさんに教わる
彼が「また作って」という定番おかず

食べるとホッとする我が家の定番、適度なガッツリ感でご飯が進む味つけと、野菜もお肉もバランスよくたっぷり食べられるように愛情を込めた工夫がしてあるレシピ。そんな「彼の大好物定食」を作らせたら右に出る者なしのSHIORI流ごはんをマスターしましょう。

［具だくさんタコライス］

チリパウダーのスパイシーな香りと一味唐辛子の辛さがきいたタコミートと目玉焼きものって、わしわしご飯が食べられる一皿。野菜の食感と彩りが楽しく、さらに彼の栄養管理にも一役買いそう。

●材料〈2人分〉

合いびき肉▶200g
玉ねぎ▶1/2個
にんにく▶1かけ
トマト▶大1個
卵▶2個
レタス▶2～3枚
アボカド▶1/2個
温かいご飯▶茶碗2杯分
ピザ用チーズ▶適量
トルティーヤチップス▶適量
a トマトケチャップ
　　▶大さじ3
　しょうゆ▶小さじ2
　中濃ソース▶小さじ1
　砂糖▶小さじ1/2
　チリパウダー▶小さじ1
　一味唐辛子▶小さじ1/4
B 塩、粗びき黒こしょう
　　▶各少々
　ナツメグ▶少々
オリーブオイル▶大さじ1

●作り方

① 玉ねぎとにんにくはみじん切りにする。アボカドは5mm幅の薄切りにする。トマトは1cm角に切る。好みのかたさの目玉焼きを作る。aは砂糖が溶けるまでよく混ぜ合わせる。

② フライパンにオリーブオイルとにんにくを入れて弱火にかけ、香りが立ったら玉ねぎを加えて中火で炒める。玉ねぎの表面が透き通りしんなりしたらひき肉を加え、強めの中火でほぐしながら肉の色が変わるまで炒める。

③ Bをふり、さっと炒める。半量のトマトとaを加え、へらでつぶしながら炒め、トマトがペースト状になり、水分がほとんどなくなるまで煮詰めたら火を止める。

④ 器に温かいご飯を盛り、ピザ用チーズをのせてご飯の熱で溶かす。レタス、③のタコミート、アボカド、目玉焼き、残りのトマトをのせる。仕上げにトルティーヤチップスを砕いて散らす。

Point タコミートは、トマトをつぶしながら水分が少なくなるまでしっかり煮詰めて。仕上げにトルティーヤチップスをのせると食感のアクセントになります。

［チキンステーキ ガーリックソース］

皮を香ばしく焼き上げた鶏もも肉に、しょうゆとバター、そしてガーリックをきかせたチキンステーキは、白いご飯が進む王道の味。つけ合わせには、コーンなど彼が好きな甘い野菜を添えてあげましょう。

● 材料〈2人分〉

鶏もも肉 ▶ 大1枚(300g)
まいたけ ▶ ½袋(50g)
コーン(水煮) ▶ 大さじ4
a にんにく ▶ 1かけ
　 バター ▶ 20g
　 しょうゆ ▶ 大さじ1⅓
　 みりん ▶ 大さじ1
　 水 ▶ 大さじ1
薄力粉 ▶ 適量
塩、粗びき黒こしょう
　 ▶ 各適量
オリーブオイル ▶ 適量
水 ▶ 大さじ1
クレソン ▶ 適宜

● 作り方

① 鶏肉は2等分に切り、余分な脂肪を除く。にんにくはみじん切りにする。まいたけは食べやすい大きさにほぐす。

② つけ合わせを作る。フライパンにオリーブオイル大さじ½を入れて中火にかけ、まいたけを色よく炒めて端に寄せる。水けをきったコーンを加えてさっと炒め、それぞれ塩で味をととのえてバットなどに取り出す。

③ 鶏肉は両面に塩、こしょうをふり、全体に茶こしで薄力粉をふってから余分な粉をはたく。②のフライパンを強めの中火にかけ、オリーブオイル大さじ½を熱する。鶏肉を皮目から入れて触らずに7〜8分焼く。皮がきつね色になり、パリッとしたら返し、ふたをして中火で2分ほど蒸し焼きにする。

④ ③を焼いている間にaを合わせて溶く。③の脂をキッチンペーパーで軽くふき取り、合わせたaを加える。バターを溶かしながら煮詰め、鶏肉にソースをからめる。ソースにつやが出てとろみがついたら器に盛り、②のつけ合わせを添える。好みでクレソンなどを添える。

［クイックビーフカレー］

牛薄切り肉とフライドオニオンで、あっという間にコクのあるビーフカレーのできあがり。時間がない夜、「おいしいカレーが食べたい！」という彼の急なオファーに応えるクイックレシピです。

● 材料〈2人分〉

牛薄切り肉 ▶ 200g
玉ねぎ ▶ ½個
マッシュルーム ▶ 6個
フライドオニオン（市販）
　▶ 大さじ1強
赤ワイン ▶ 大さじ2
カレールウ ▶ 70〜90g
ローリエ ▶ 1枚
クレソン ▶ 適量
塩 ▶ 適量
オリーブオイル ▶ 適量
水 ▶ 400ml
温かいご飯 ▶ 適量

● 作り方

① 牛肉は2cm長さに切る。玉ねぎは薄切り、マッシュルームは石づきを除いて縦半分に切る。

② フライパンにオリーブオイル大さじ1を入れて中火にかける。玉ねぎを入れて塩をふり、しんなりするまで3分ほど炒める。

③ 玉ねぎをフライパンの端に寄せ、あいたところにオリーブオイル小さじ1を足して牛肉を炒める。肉の色が8割方変わったら玉ねぎと合わせ、塩少々をふる。

④ 赤ワインを加えて煮立たせる。

⑤ 4に分量の水、マッシュルーム、フライドオニオン、ローリエを加える。ふつふつと沸いてきたらふたをして5分ほど煮る。

⑥ 火を止めてカレールウを加えて溶き、再び中火にかけて2〜3分煮る。器にご飯とカレーを盛り、クレソンを添える。

Point　玉ねぎは塩をふってから炒めると早く炒まります。煮込む際にフライドオニオンを加え、時短でも甘みやコクを出しましょう。

彼から「これ大好物！」と言われたいとき

アプリをダウンロード！　詳しい作り方を動画でもチェック！

［煮込みハンバーグ］

誰もが大好きなハンバーグは一手間加えて煮込むことでボリュームアップ。彼から一目置かれるメニューに進化します。トマトのうまみとハンバーグの肉汁が凝縮したソースで箸が止まらない一皿です。

彼から「これ大好物！」と言われたいとき

● 材料〈2人分〉

［ハンバーグ］
合いびき肉 ▶ 250g
玉ねぎ ▶ 1/4個
牛乳 ▶ 大さじ2
パン粉 ▶ 大さじ3
溶き卵 ▶ 1/2個分
塩 ▶ 小さじ1/2弱
粗びき黒こしょう ▶ 適量
ナツメグ ▶ 適量
サラダ油 ▶ 適量

［ソース］
きのこ類（しめじ、エリンギなど）
　▶ 計60g
a ┤ホールトマト缶 ▶ 1/2缶 (200g)
　　固形コンソメ ▶ 1/3個
　　トマトケチャップ ▶ 大さじ2
　　中濃ソース ▶ 大さじ1
　　水 ▶ 150ml
赤ワイン ▶ 大さじ2
砂糖 ▶ 小さじ1/2
牛乳 ▶ 大さじ1
バター ▶ 10g

● 作り方

① 玉ねぎはみじん切りにする。ハンバーグ用の牛乳とパン粉は合わせてふやかす。ホールトマトは裏ごしし、ピューレ状にする。きのこ類は石づきを除き、食べやすくほぐす。ひき肉は使う直前まで冷蔵庫で冷やす。

② 玉ねぎを耐熱皿に広げ、サラダ油小さじ1/2をまぶす。ふんわりラップをかけ、電子レンジで2分加熱する。粗熱を取り、冷蔵庫で30分ほど冷やす（完全に冷えるまで）。

③ ボウルに合いびき肉、牛乳でふやかしたパン粉、溶き卵、②、塩、こしょう、ナツメグを入れる。粘りが出て白っぽくなるまで2〜3分しっかり練る。

④ ③をひとまとめにし、10回ほどボウルにたたきつけて空気を抜く。生地を2等分して、サラダ油少々をなじませた手で形をととのえ、両手でキャッチボールをするようにさらに空気を抜く。1つずつ小判形にする。

⑤ フライパンにサラダ油小さじ1を熱し、④を並べ入れ、それぞれ中央にくぼみを作る。強めの中火で、フライパンをゆすりながら焼き、焼き色がついたら返す。

⑥ 裏面も1〜2分焼き、焼き色がついたらフライパンのあいたところにきのこ類を入れてさっと炒める。赤ワインを加え、一気に煮立たせる。aを加えて全体を混ぜ、ふたをして中火で5分ほど煮る。

⑦ ⑥に砂糖、牛乳、バターを加える。ふたをせず、ソースをスプーンでハンバーグにかけながら4〜5分煮詰める。ソースに適度なとろみがついたら火から下ろす。味をみて足りなければ塩、こしょうで味をととのえる。器に盛り、好みで生クリームをかけ、ゆで野菜を添える。

Point 合いびき肉は使う直前に冷蔵庫から出し、白っぽくなるまで手早く練るのがポイント。この工程をしっかり行うことで、ふっくらジューシーに仕上がります。

アプリをダウンロード！　詳しい作り方を動画でもチェック！

［にら麻婆豆腐］

おなじみの麻婆豆腐だからこそ、豆板醤と花椒粉の刺激的な味つけで本格派の彼もうならせる仕上がりに。プルンとした豆腐の食感としっかりした味つけが絶妙にマッチして、ご飯にかけても最高！

● **材料**〈2人分〉

豚ひき肉 ▶ 100g
絹ごし豆腐 ▶ 1丁（300g）
にら ▶ ½わ
長ねぎ ▶ 10cm
しょうが ▶ 1かけ
にんにく ▶ 1かけ
豆板醤(トウバンジャン) ▶ 小さじ1〜2
ⓐ 鶏がらスープ ▶ 150mℓ
　甜麺醤(テンメンジャン) ▶ 大さじ1
　酒 ▶ 大さじ1
　しょうゆ ▶ 大さじ1
　オイスターソース ▶ 小さじ1
ⓑ 片栗粉 ▶ 大さじ1
　水 ▶ 大さじ2
ラー油 ▶ 適量
花椒粉(ホワジャオフェン) ▶ 適量
サラダ油 ▶ 大さじ2

● **作り方**

① 豆腐は2cm角に切り、ざるに上げて5分ほど水けをきる。長ねぎ、しょうが、にんにくはみじん切りにする。にらは2cm長さに切る。

② ボウルにⓐを入れ、甜麺醤が溶けるまでよく混ぜ合わせる。ⓑは混ぜ合わせて水溶き片栗粉を作る。

③ フライパンにサラダ油を熱し、ひき肉をほぐしながら炒める。肉から脂が出きって軽く焼き色がついたら、にんにく、しょうが、豆板醤を加え、香りが出るまで炒める。

④ 混ぜ合わせたⓐと豆腐を加え、煮立ったら弱火にし、ふたをして5分ほど煮る。火を止め、2の水溶き片栗粉を少しずつ加え、豆腐をくずさないように混ぜながらとろみをつける。

⑤ とろみがついたら強火にかけて1〜2分煮立て、長ねぎとにらを加える。ラー油と花椒粉をふり、好みの味に仕上げる。

Point フライパンの端に豆腐を寄せ、あいたところへ水分をためて水溶き片栗粉を入れると豆腐をくずさずにとろみがつきます。

［鶏手羽のうまから揚げ］

彼からこれ大好物！と言われたいとき

豆板醤をきかせた濃いめのたれがからみ、ビールのつまみにもご飯のお供にもなる、パリパリ皮の鶏手羽揚げ。中温でじっくり時間をかけて揚げれば、失敗せずにパリッとジューシーに仕上がります。

● 材料〈2人分〉

鶏手羽先▶8本
a みりん▶大さじ2½
　 しょうゆ▶大さじ2⅔
　 砂糖▶小さじ2
　 酒▶大さじ1
　 水▶大さじ1
　 豆板醤▶小さじ½
塩▶適量
片栗粉▶適量
揚げ油▶適量
いり白ごま▶適量
青ねぎの小口切り▶適量

● 作り方

① 手羽先の両面に塩をふり、片栗粉を全体にまぶす。青ねぎは小口切りにする。

② フライパンに鶏肉がかぶるくらいの揚げ油を入れ、170℃に温める。

③ 1の粉を軽くはたきながら2のフライパンに入れ、しばらくは触らず、7分ほどおいて色づいてきたら返す。さらに6〜7分揚げたら強火にして1分揚げ、皮をパリッとさせて油から上げる。

④ 別のフライパンにaをすべて入れ、中火にかけて煮詰める。ゆるめのとろみがついたら3を加える。たれの水分がほとんどなくなり、照りが出るまでフライパンをゆすりながら煮からめる。器に盛り、ごまと青ねぎを散らす。

Point 手羽先は170℃の油に入れ、色づいてくるまで触らずに待ちます。最後に油の温度を上げるとパリッとし味もなじみやすくなります。

アプリをダウンロード！ 詳しい作り方を動画でもチェック！

［チキンドリア］

ホワイトソースとトマトソース、人気の味同士が出会ってご飯と一緒になれば、彼が好きにならないワケがない！「ソースも全部手作りだよ」って自慢できますね。

●材料〈2人分〉

鶏もも肉▶1/2枚(150g)
玉ねぎ▶1/4個
温かいご飯▶茶碗2杯分
ホールトマト缶▶1/2缶(200g)
ピザ用チーズ▶適量
パセリ▶適量
塩、粗びき黒こしょう▶各適量
オリーブオイル▶大さじ1/2
［ホワイトソース］
バター▶25g
薄力粉▶25g
牛乳▶350ml
固形コンソメ▶1/2個
塩、こしょう▶各少々

●作り方

① 鶏肉は2cm角に切る。玉ねぎはみじん切りにする。ホールトマトは裏ごしし、ピューレ状にする。パセリはみじん切りにする。

② 鶏肉に塩、こしょう各少々をまぶし、軽くもみ込む。

③ フライパンを強めの中火にかけ、オリーブオイルを熱して2を入れる。あまり触らず焼きつけながら炒め、全体にこんがりと焼き色がついたら玉ねぎを加え、透き通ってしんなりするまで炒める。1のトマトを加え、3〜4分煮詰める。水分が少なくなってきたら、塩、こしょうで味をととのえる。

④ ホワイトソースを作る。鍋にバターを入れ、弱めの中火にかける。薄力粉を加え、ゴムべらで手早く混ぜる。粉っぽさがなくなったら牛乳を5〜6回に分けて少しずつ加えてなめらかにし、固形コンソメ、塩、こしょうで味をととのえる。好みの濃度までソースを煮詰める。少しゆるいくらいに仕上げるとおいしい。

⑤ 耐熱皿にバター(分量外)を塗ってご飯を平らに盛り、ご飯がかくれるように4のホワイトソースを流し入れ、3をのせる。全体にピザ用チーズを散らし、焼き色がつくまでオーブントースターで焼く。仕上げにパセリを散らす。

Point ホワイトソースは、バターと薄力粉を炒めたあと、牛乳を少量ずつ加えて混ぜることを繰り返すと、なめらかに仕上がります。

[韓国風豚キムチパスタ]

ビタミン豊富な豚肉と発酵食品であるキムチの組み合わせは健康パワー満点。パスタ仕立てにしていつもとはひと味違う豚キムチにしてみては？　卵黄がまろやかで、辛みが苦手な彼にもおすすめです。

●材料〈2人分〉

豚ばら薄切り肉▶80g
白菜キムチ▶150g
スパゲッティ▶200g
塩▶適量
a｜コチュジャン▶大さじ1
　｜おろしにんにく▶少々
　｜しょうゆ▶大さじ1〜1½
　｜砂糖▶ひとつまみ
卵黄▶2個分
青ねぎ▶適量
いり白ごま▶適量
韓国のり▶適量

●作り方

① 豚肉は4〜5cm長さに切る。キムチは大きければ食べやすい大きさに切る。青ねぎは小口切りにする。

② 器にaを入れ、コチュジャンが溶けるまでよく混ぜ合わせる。

③ 鍋にたっぷりの湯を沸かし、1％の塩を加える。スパゲッティを表示時間より1分短くゆでる。

④ フライパンを油を入れずに中火で熱し、豚肉を広げて入れ、炒める。両面に焼き色がつき、脂が出てきたらキムチを加えてさっと炒め合わせ、火を止める。

⑤ 4のフライパンに、ゆで汁大さじ2、湯をきったスパゲッティを加える。再び中火にかけ、具材とパスタがからむようにさっと混ぜる。器に盛り、中央に卵黄をのせ、青ねぎ、ごま、ちぎった韓国のりを散らす。

Point 豚ばら肉から脂が出るので、具を炒めるフライパンには油を使わなくてもOK。最後にまた火を入れて炒めるので、スパゲッティは表示時間より短めにゆで上げましょう。

[手軽に本格！ 回鍋肉（ホイコーロー）]

彼からこれ大好物！と言われたいとき

おなじみの中華メニューを市販の「〜の素」を使わずに、調味料だけでパパッと仕上げる料理上手な彼女を見たら、彼は「この人なら間違いない！」と惚れ直すこと請け合い。

●材料〈2人分〉

- 豚ばら薄切り肉▶100g
- キャベツ▶3枚(150g)
- 長ねぎ▶½本
- ピーマン▶2個
- 赤パプリカ▶¼個
- にんにく▶1かけ
- しょうが▶1かけ
- 豆板醬(トウバンジャン)▶小さじ½〜1
- 片栗粉▶小さじ1
- 塩▶少々
- a
  - 甜麵醬(テンメンジャン)▶大さじ1
  - 酒▶大さじ1
  - しょうゆ▶小さじ2
  - オイスターソース▶小さじ½
  - 砂糖▶小さじ1弱
- ごま油▶小さじ1弱
- サラダ油▶適量

●作り方

① 豚肉は4cm長さに切る。キャベツは一口大のざく切り、長ねぎは1cm幅の斜め切りにする。ピーマン、赤パプリカはへたと種を除き、一口大に切る。にんにくとしょうがはみじん切りにする。

② ボウルに a を入れ、甜麵醬が溶けるまでよく混ぜる。豚肉に片栗粉をまぶす。

③ フライパンにサラダ油大さじ1、豆板醬、にんにく、しょうがを入れて中火にかける。香りが立ったら 1 のキャベツ、長ねぎ、ピーマン、赤パプリカを一度に加え、7〜8割方火が通るまで2分ほど炒める。塩をふって混ぜ、すべていったん取り出す。

④ 3 のフライパンにサラダ油少々を足し、2 の豚肉をほぐしながら炒める。肉の色が変わったら a を加え、煮立たせて豚肉にからめる。3 の野菜を戻し入れ、調味料がなじむまで炒め合わせる。仕上げにごま油を回し入れ、ひと混ぜする。

アプリをダウンロード！ 詳しい作り方を動画でもチェック！

[あじの蒲焼き丼]

あじに甘辛だれをからめて蒲焼きにすることで、腹ペコ男子も納得の食べごたえを実現。薬味野菜をたっぷりのせて温泉卵と一緒に食べると、1人で2尾分のあじをぺろりと平らげてしまうおいしさです。

● **材料〈2人分〉**

あじ(三枚おろし)▶4尾
温泉卵▶2個
長ねぎ▶10cm
青じそ▶3枚
みょうが▶1個
三つ葉▶2本
温かいご飯▶丼2杯分
a ┌ しょうゆ▶大さじ2
　├ みりん▶大さじ2
　├ 砂糖▶大さじ1½
　├ 酒▶大さじ1
　└ 豆板醤(トウバンジャン)▶小さじ⅛
薄力粉▶適量
いり白ごま▶適量
サラダ油▶大さじ1弱

● **作り方**

① 長ねぎは細く切って白髪ねぎにする。青じそはせん切りに、みょうがは小口切りにする。三つ葉は食べやすい長さに切る。

② 1をすべて合わせて5分ほど水にさらし、水けをきる。aはよく混ぜ合わせる。

③ あじは1枚を斜め半分に切る。両面に薄く薄力粉をまぶす。

④ フライパンにサラダ油を中火で熱し、あじの皮目を下にして並べ入れる。油が足りなくなったら少々足しながら、触らないように焼き色をつける。返して身をさっと焼いたらaを加え、スプーンでたれを回しかけながら照りが出るまで煮詰める。

⑤ 器にご飯を盛り、4のあじを盛りつけ、フライパンに残ったたれをかける。好みでマヨネーズを添え、中央に温泉卵をのせる。2の野菜を散らし、ごまをふる。

Point あじは皮を下にして焼き始め、あまり触らず皮に焼き色をつけてから返します。身はさっと火を通すだけにして、たれをおいしくからめましょう。

［シーザー風ポテトサラダ］

彼からこれ大好物！と言われたいとき

シーザーサラダとポテトサラダを融合した、男子好みのボリューム感あふれる副菜です。ブロックベーコンと粉チーズでコクたっぷり。黒こしょうをきかせると、お酒のおつまみにもぴったりですよ。

●材料〈2人分〉

じゃがいも▶2個
ベーコン（ブロック）▶50g
枝豆（ゆでてさやから出したもの）
　▶大さじ2〜3
温泉卵▶1個
粉チーズ▶適量
パセリ▶適量
ⓐ 牛乳▶大さじ2
　 粉チーズ▶大さじ1
　 おろしにんにく▶少々
　 マヨネーズ▶大さじ3
塩、粗びき黒こしょう
　▶各適量

●作り方

① じゃがいもは皮をむき、一口大に切る。ベーコンは1cm幅の拍子木切りにする。パセリはみじん切りにする。

② 鍋にじゃがいもを入れ、かぶるくらいの水を注いで中火にかけ、10分ほどゆでる。

③ じゃがいもをゆでている間に、油を入れずにフライパンを中火にかけ、ベーコンを焼きつけるようにしながら全体をこんがりと焼き、粗熱を取る。ⓐは材料がすべて入る大きめのボウルで混ぜ合わせる。

④ ②のじゃがいもがゆで上がったら（竹串がすっと通るくらいが目安）、火から下ろして湯を捨てる。再び火にかけて鍋をゆすり、水分をとばして粉ふきいもにする。熱いうちに塩、こしょう各少々をふり、火を止めて粗熱を取る。

⑤ ③のボウルにじゃがいも、枝豆、ベーコンを入れてさっくりとあえる。器に盛り、温泉卵を添え、粉チーズ、パセリを散らす。好みでこしょうをふる。

Point 粉ふきいもにすることで、ドレッシングもよくなじみます。

\ まだある！ /

「あともう1品」というときの簡単おいしい副菜5品

お料理を始めたばかりの頃ってメイン料理を作っただけで、もういっぱい、いっぱい。でもシンプルな副菜を1品添えるだけで、メインの味もグッと引き立ってもっとおいしく感じてもらえます。少しの頑張りで作れる手軽な副菜を何品か覚えておきましょう。

[豆もやしのナムル]

● 材料〈2人分〉
豆もやし ▶ 1袋(200g)
きゅうり ▶ 1本
ハム ▶ 3枚
すり白ごま ▶ 大さじ2
ⓐ ｜ ごま油 ▶ 大さじ1
　｜ しょうゆ ▶ 小さじ2
　｜ 酢 ▶ 小さじ2
　｜ 塩 ▶ ふたつまみ
　｜ おろしにんにく ▶ 少々

● 作り方
① きゅうりとハムは細切りにする。
② 豆もやしはひげ根を取る。たっぷりの湯を沸かし、もやしを1分ほどゆでる。ざるに上げて湯をきり、そのまま冷ましたら、キッチンペーパーでよく水けをふき取る。
③ 2をボウルに入れ、1とⓐを加えてよくあえる。ごまを加え、ひと混ぜする。

[アボカドと白身魚の塩昆布和え]

● 材料〈2人分〉
アボカド▶½個
鯛(刺身用)▶80g(ほかの白身魚でも代用可)
塩昆布▶大さじ1強
すだちの絞り汁▶小さじ2
塩▶ふたつまみ
ごま油▶小さじ1
いり白ごま▶適量

● 作り方
① 鯛はさくの場合、薄いそぎ切りにする。アボカドは種に沿って切り目を入れ、ひねって半分に割り、種と皮を取り除く。
② ボウルに1のアボカドを入れ、フォークの背でつぶす。粗いペースト状になったら鯛、すだちの絞り汁、塩、ごま油を加えてさっとあえる。
③ 2に塩昆布を加え、軽くあえてなじませる。器に盛り、ごまを散らす。

[えびとセロリのマリネ]

● 材料〈2人分〉
ゆでえび▶8尾
セロリ▶1本
玉ねぎ(みじん切り)▶大さじ1強
ディル▶適量
a 白ワインビネガー▶大さじ2
　砂糖▶1つまみ
　塩、粗びき黒こしょう▶各少々
　オリーブオイル▶大さじ2

● 作り方
① えびは厚さを半分に切る。セロリはすじを取り、2〜3mm厚さの斜め薄切りにする。ディルは葉を枝からはずして刻む。
② ファスナー付きの保存袋にaを入れて混ぜ、えび、セロリ、玉ねぎ、ディルを加えてもみ込む。
③ 冷蔵庫で30分ほどおき、なじませる。

彼からこれ大好物!と言われたいとき まだある!簡単おいしい副菜5品

［ひじきとちくわの梅おかか炒め］

● 材料〈2人分〉
乾燥ひじき▶20g
ちくわ▶2本
しし唐▶8本
かつお節▶2g
a ｜ 梅干し▶1個
　｜ しょうゆ▶大さじ1
　｜ みりん▶大さじ1
サラダ油▶大さじ1

● 作り方
① ひじきはたっぷりの水につけ、10分ほどおく。ちくわは縦半分に切り、5mm幅の斜め切りにする。しし唐はへたを除き、3等分に切る。aの梅干しは種を除いて包丁でたたく。
② 1のひじきをざるに上げ、水けをよくきる。
③ フライパンにサラダ油を中火で熱し、2を入れて炒める。油がまわったらちくわとしし唐を加え、具材全体に油がまわるまでさらに炒める。
④ 3にaを加え、調味料がなじむまで2分ほど炒める。仕上げにかつお節を加えさっと火を通す。

［カリカリじゃことにんじんのサラダ］

● 材料〈2人分〉
絹ごし豆腐▶½丁（150g）
にんじん▶小1本
ちりめんじゃこ▶大さじ4
青ねぎ▶3本
ポン酢▶大さじ2
ごま油▶大さじ3

● 作り方
① 豆腐は食べやすい大きさに切り、器に盛る。にんじんは細めのせん切りにする。青ねぎは小口切りにする。
② フライパンを中火にかけ、ちりめんじゃこをカリカリになるまで3～4分からいりする。取り出して粗熱を取る。
③ 器に盛った豆腐に、にんじん、2、青ねぎを盛り、ポン酢を回しかける。
④ フライパンにごま油を強火で熱し、少し煙が立ったら火を止め、熱々を3にかける。

Scene 4

お腹をすかせた彼が急に来たとき

青山有紀さんに教わる
家にあるもので手早く作れる満足おかず

夜遅くお腹をすかせた彼が急にやってくる！ そんなときは冷蔵庫にあるものでヘルシーかつ満足感のある手料理を出してあげたいもの。たくさん食材を揃えておかなくても、卵とお豆腐さえあれば、あとはお肉と野菜を少し加えたおいしいおかずがこんなにできます。

［豆腐のにんにくじょうゆステーキ 豚肉添え］

夜にたっぷり食べても大丈夫なヘルシーステーキ。淡泊な豆腐で彼を満足させる味に仕上げるには、豚肉やにんにくの力を借ります。表面をパリッと焼いて中はトロッ。地味な存在だと思っていたお豆腐がご飯の進む甘辛味のメインおかずに変身！

お腹をすかせた彼が急に来たとき

● 材料〈2人分〉
木綿豆腐▶1丁（300g）
豚ばら薄切り肉▶100g
ピーマン▶2個
薄力粉▶適量
ごま油▶小さじ1
ⓐ しょうゆ▶大さじ1½
　 みりん▶大さじ1
　 酒▶大さじ1
　 きび砂糖▶小さじ1
　 おろししょうが▶大さじ1
　 おろしにんにく▶小さじ½
長ねぎ▶1本
かつお節▶適量

● 作り方
① 豆腐は横4等分に切る。豚肉は一口大に切る。ピーマンはへたと種を除き、縦4等分に切る。
② 豆腐は水けをキッチンペーパーでふき取り、薄力粉をまぶして余分な粉をはたく。
③ フライパンにごま油を中火で熱し、豚肉を1切れずつ広げて入れる。なるべく動かさずに焼きつけ、焼き色がついたら返して同様に焼き、いったん取り出す（フライパンに残った脂はそのままにしておく）。
④ ③のフライパンに②を並べ入れ、動かさないように焼きつける。あいたところにピーマンを加えてさっと炒め、ピーマンに火が通ったら取り出す。豆腐は焼き色がついたら返し、6面全てを同様に焼きつける。
⑤ 豆腐を焼いている間にⓐを混ぜ合わせ、長ねぎは小口切りにする。豆腐の全面に焼き色がついたらフライパンの余分な脂をキッチンペーパーでふき取る。③の豚肉と④のピーマンを戻し入れ、混ぜ合わせたⓐを加えて全体にからめる。汁けがなくなってきたら器に盛り、豆腐の上に小口切りにした長ねぎとかつお節をのせる。

Point 豆腐に薄力粉をまぶすことで表面がパリッと焼け、たれもよくからみます。余分な粉はだまの原因になるので、よく落として。

［すき焼き風肉豆腐］

切って煮るだけのスピードおかず、すき焼きを手頃な切り落とし肉で。にんにくをきかせることで味にパンチを与え、野菜もたっぷり補給できます。ボリュームアップのトロトロ卵を添えて。

● 材料〈2人分〉

木綿豆腐 ▶ 1丁(300g)
牛切り落とし肉
　（和牛・脂肪が多いもの）▶ 150g
わけぎ（または九条ねぎ）▶ ½わ
ゆで卵（やわらかめの半熟）▶ 2個
にんにく ▶ 1かけ
ごま油 ▶ 小さじ2
ⓐ 酒 ▶ 大さじ1½
　きび砂糖 ▶ 大さじ1½
　しょうゆ ▶ 大さじ1½
粉唐辛子（または七味唐辛子）
　▶ 適宜

● 作り方

① 牛肉は食べやすく切る。豆腐は8等分に切る。わけぎは5〜6cm長さの斜め切りにする。にんにくは包丁の腹でつぶす。ゆで卵は殻をむく。ⓐは混ぜ合わせる。

② 厚手の鍋（鉄鍋や土鍋）にごま油とにんにくを入れて中火で熱し、香りが立ったら牛肉を加えてさっと炒める。

③ 肉の色が半分くらい変わったら端に寄せ、あいたところに豆腐を入れる。1で合わせたⓐを回しかけ、ふたをして弱火で5分ほど煮る。途中で一度上下を返し、調味料を全体になじませる。

④ ふたを取ってわけぎを加え、煮汁に浸しながら3〜4分煮る。味をみて、好みでしょうゆ（分量外）を足して味をととのえる。火を止めてゆで卵を加え、転がしながら調味料をなじませる。卵は半分に切って、ほかの具材とともに器に盛り、好みで粉唐辛子または七味唐辛子をふる。

Point ゆで卵は室温に戻した卵を沸騰した湯に入れて6分ゆでで、冷水にとって冷まします。

［キャベツと卵のおいなり煮］

お腹をすかせた彼が急に来たとき

油揚げの巾着袋に卵を入れてコトコト。そんなちょっとの演出で「できる」感アップ、お料理上手な印象に。
「こんなの作れるの!?」と驚かせるだけでなく、後を引く甘辛味で彼のおかわりが止まりません！

● 材料〈2人分〉

卵 ▶ 4個
油揚げ ▶ 2枚
キャベツ ▶ 2～3枚
ちくわ ▶ 2本
ⓐ だし汁
　　（昆布と削りがつおの一番だし）
　　▶ 200ml
　酒 ▶ 大さじ1
　きび砂糖 ▶ 小さじ1
　しょうゆ ▶ 大さじ2
　みりん ▶ 大さじ1
青菜 ▶ 適宜

● 作り方

① キャベツはせん切りに、ちくわは斜め半分に切る。
② 油揚げに菜箸1本をのせ、両手で押さえながら箸を前後に転がす。横半分に切り、切り口に指を入れて袋状に開く。熱湯を回しかけて油抜きする。
③ 2の油揚げに1のキャベツを詰め、割った卵を流し込む。口はつまようじで縫うようにとめる。
④ なるべく小さい鍋に3、ちくわ、ⓐを入れて中火にかける。煮立ったら火を弱め、ふたをして7分ほど煮る。煮汁とともに器に盛り、好みでゆでた青菜を添える。

Point 油揚げは菜箸を転がすことで開きやすくなります。また、魚のすり身でできたちくわを一緒に煮ることでコクのある深い味わいに。

［鶏肉と根菜と豆腐の和風鍋］

小さめの土鍋であったかい鍋料理を作って彼をお出迎え。しょうがをきかせているので、なおさらポカポカあたたまります。汁物感覚の一品としても、覚えておけば冬には大活躍しますよ。鶏肉と根菜から、しみじみおいしいだしが出るので最後は雑炊にしてもほっこりします。

お腹をすかせた彼が急に来たとき

● 材料〈2人分〉

- 木綿豆腐 ▶ ⅓丁（100g）
- 鶏もも肉 ▶ ½枚（150g）
- 大根 ▶ 5cm
- ごぼう ▶ ⅓本
- にんじん ▶ ⅓本
- しめじ ▶ ½パック
- 油揚げ ▶ 2枚
- ⓐ だし汁（昆布と削りがつおの一番だし）▶ 300ml
  - 酒 ▶ 大さじ1
  - 薄口しょうゆ ▶ 大さじ1½
- おろししょうが ▶ 適量
- 青菜 ▶ 適宜

● 作り方

1. 鶏肉は余分な脂肪とすじを除き、一口大に切る。大根は5mm厚さのいちょう切りにする。ごぼうとにんじんは小さめの乱切りにする。しめじは石づきを除き、食べやすくほぐす。豆腐は一口大に切る。油揚げは熱湯を回しかけて油抜きし、一口大に切る。
2. 鍋に大根、ごぼう、にんじんを入れ、ひたひたの水を注いで中火にかける。沸騰したら1分ほどゆで、ざるに上げて湯をきる。
3. 土鍋にⓐを入れて中火にかける。鶏肉、油揚げ、豆腐、下ゆでした根菜類を加える。沸騰したらあくを取り、ふたをして弱火で10分ほど煮る。
4. しめじを加えてふたをし、さらに5〜10分煮る。味をみて、薄口しょうゆまたは塩（分量外）で味をととのえる。好みでゆでた青菜をゆでて添える。各自おろししょうがをのせて食べる。

   Point 根菜はさっと下ゆでするだけで味がしみ込みやすくなります。青菜はほうれんそうや小松菜などあるもので。彩りになりますよ。

［ポテトのベーコンチーズ焼き］

ほくほくのじゃがいもにチーズをからめて香ばしく焼いたベイクドポテトに、目玉焼きを添えて。これが嫌いな男性はめったにいないはず。ビールのおつまみにも、休日の朝ごはんにもオールマイティのレシピですよ。

お腹をすかせた彼が急に来たとき

●材料〈2人分〉
卵▶1個
じゃがいも▶2個
ベーコン▶2枚
ピザ用チーズ▶50g
オリーブオイル▶小さじ2

●作り方
① ベーコンは1cm幅に切る。
② じゃがいもは皮つきのままよく洗い、ぬれたままラップで1個ずつ包む。電子レンジで4〜5分加熱する。熱いうちにふきんを使って皮をむき、7〜8mm角の棒状に切る。
③ フライパンにオリーブオイルを中火で熱し、2のじゃがいもを入れる。なるべく動かさずに焼きつけ、焼き色がついたら返し、同様に焼く。焼けたら端に寄せ、あいたところにベーコンを入れ、あまり触らず脂を出すように焼きつける。
④ ベーコンが香ばしく焼けたら、じゃがいもとさっと混ぜ合わせ、ピザ用チーズを全体に散らす。しばらく触らずに焼きつけ、焼き色がついたら返す。端に寄せ、あいたところにオリーブオイル少々（分量外）を足し、卵を割り入れて目玉焼きを作る。チーズ焼きを器に盛り、目玉焼きをのせてくずしながら食べる。

Point じゃがいもは皮つきで加熱することでホクホクに。フライパンではなるべく動かさないことでじっくり火が入り、カリッと香ばしくなります。

［具だくさんのお手軽かにたま］

中華料理店で食べるかにたまは、あんがかかっているもの。ここでは卵自体にとろみをつけ、手軽だけれど本格的な口当たりに仕上げます。歯ごたえのある根菜を入れれば、満足感がアップしますよ。

● **材料**〈2人分〉

卵 ▶ 3個
かに缶（ほぐし身）▶ 1缶（50g）
れんこん ▶ 小½節（約50g）
長ねぎ ▶ 15cm
乾燥きくらげ ▶ 3g
薄口しょうゆ ▶ 小さじ1
塩 ▶ 1つまみ
こしょう ▶ 少々
ごま油 ▶ 大さじ2
a ┃ 片栗粉 ▶ 大さじ1
　┃ 水 ▶ 大さじ2

● **作り方**

① れんこんは薄い半月切りにしてさっと水にさらし、ざるに上げて水けをきる。きくらげは水に10分ほどひたしてやわらかくもどし、せん切りにする。長ねぎは小口切りにする。

② ボウルに卵を割り入れ、よく溶きほぐす。*a*を混ぜ合わせ水溶き片栗粉を作り、卵に加える。きくらげ、長ねぎ、軽く汁けをきったかに、薄口しょうゆ、こしょうを加えて混ぜる。

③ フライパンにごま油大さじ1を中火で熱し、水けをきったれんこんを入れてさっと炒め、塩をふって透き通るまで炒める。

④ 残りのごま油を足して火を強め、②の卵液を流し入れる。へらで大きく混ぜながら半熟状に火を通し、軽く形をととのえて器に盛る。

Point 卵に水溶き片栗粉を加えると、とろりと仕上がるだけでなく、器に盛ったあとに水分がしみ出るのを防ぎます。卵液もまとまりやすくなりますよ。

[明太子入りのお手軽卵焼き]

●材料〈2人分〉
卵▶2個
辛子明太子▶½腹(30g)
長ねぎ▶5cm
ごま油▶小さじ2

●作り方

① 明太子は薄皮に縦1本の切り目を入れ、中身を包丁でしごいて出す。

② 長ねぎはみじん切りにする。ボウルに卵を割りほぐし、長ねぎを加えて混ぜる。

③ 卵焼き用のフライパンにごま油を中火で熱し、2を一度に流し入れる。菜箸で手早く混ぜ、全体が半熟状になって下の面が焼けたら、1の明太子を中央に横一列にのせる。フライ返しなどを使って卵を三つ折りにし、何度か返して表面を焼きながら形をととのえる。食べやすく切って器に盛る。

\まだある!/

卵と豆腐おかずで 深夜の小腹対策

遅い時間に小腹をすかせた彼から「何か食べさせて」とリクエストされたら、慌てず冷蔵庫にある卵やお豆腐でヘルシーなおかずを出してあげましょう。火が通りやすいのですぐ出せることもポイント。豆腐の代用として厚揚げを使ってもOKです。

［具だくさんの炒り豆腐］

●材料〈2人分〉
木綿豆腐▶1/2丁（150g）
卵▶2個
ⓐ にんじん▶1/2本
　 長ねぎ▶10cm
　 ちりめんじゃこ▶大さじ4
　 ごま油▶小さじ2
焼きのり▶全形1枚
青ねぎの小口切り▶適量
薄口しょうゆ▶小さじ2 1/2
ごま油▶小さじ1

●作り方
① ⓐのにんじんはせん切りにし、長ねぎは小口切りにする。
② ボウルに卵を割りほぐし、薄口しょうゆ小さじ1/2を加えて混ぜる。
③ フライパンを油をひかずに中火で熱し、豆腐を手でくずしながら入れ、木べらでほぐすようにからいりする。表面の水分がとんだらⓐを加えて炒める。にんじんがしんなりしたら薄口しょうゆ小さじ2を加えて混ぜる。
④ ③のフライパンにごま油を加え、②を流し入れる。強火でさっと混ぜ合わせ、卵と豆腐がなじんだら火を止め、のりを細かくちぎって加え、混ぜ合わせる。器に盛り、青ねぎを散らす。

［鶏とごぼうのつくね］

●材料〈3～4人分〉
ごぼう▶1/3本
ⓐ 鶏ももひき肉▶300g
　 長ねぎ▶1/4本
　 しょうが▶1かけ
　 卵▶1個
　 片栗粉▶大さじ2
　 薄口しょうゆ
　　▶小さじ1
　 酒▶大さじ1
　 こしょう▶少々
ⓑ しょうゆ▶大さじ2
　 きび砂糖▶大さじ2
　 みりん▶50ml
　 しょうがの薄切り
　　▶1枚
　 赤唐辛子▶1本
太白ごま油▶大さじ1/2
卵黄▶適宜

●作り方
① たれを作る。小鍋にⓑをすべて入れて中火にかける。砂糖が溶けたら火を止める。
② ごぼうは縦半分に切ってから、縦2～3等分に切り、5mm角くらいに切る。ⓐのしょうがはみじん切りにし、長ねぎは全体に縦の切り込みを入れてからみじん切りにする。
③ ボウルにⓐをすべて入れ、粘りが出るまで手で混ぜ合わせる。②のごぼうを加えてさらに練り混ぜる。
④ フライパンに太白ごま油を入れて弱めの中火にかける。③を10～12等分にして平らな円形に成形し、並べ入れる。ふたをして3～4分焼き、焼き色がついたら返して、同様に焼く。
⑤ ④に火が通ったら、キッチンペーパーでフライパンの余分な脂をふき取る。①のたれを2～3回に分けて加え、軽く煮詰めながらつくねにからめる。器に盛り、フライパンに残ったたれをかけ、好みで卵黄を添える。

[なすと厚揚げのみそ炒め]

●材料〈2人分〉
厚揚げ▶︎⅓枚(50g)
なす▶︎1本
しょうが▶︎1かけ
みょうが▶︎½本
a｜みそ▶︎小さじ2
　｜きび砂糖▶︎小さじ1
　｜酒▶︎小さじ1
塩▶︎1つまみ
ごま油▶︎小さじ2

●作り方
① なすはへたを除き、一口大の乱切りにする。ボウルに入れ、塩をふってなじませ、5分ほどおく。出てきたあくを洗い流し、水けを絞る。厚揚げは一口大に切る。しょうがは皮つきのまません切りにする。みょうがは小口切りにし、水にさらして水けをきる。
② aは混ぜ合わせる。
③ フライパンにごま油を中火で熱し、なすと厚揚げを入れる。しばらく触らずに焼きつけ、焼き色がついたら返す。ぱさつくようならごま油適量(分量外)を加える。なすに火が通ったら/のしょうがを加えてさっと炒め、混ぜ合わせたaを加えて全体にからめる。器に盛り、みょうがをのせる。

[厚揚げのねぎおかかのせ]

●材料〈2人分〉
厚揚げ▶︎1枚
a｜長ねぎ▶︎10cm
　｜しょうが▶︎1かけ
　｜しょうゆ▶︎小さじ1½
　｜かつお節▶︎小1パック(3g)
　｜いり白ごま▶︎小さじ1

●作り方
① 厚揚げは大きめの一口大に切る。aの長ねぎは全体に縦の切り込みを入れ、みじん切りにする。しょうがはみじん切りにする。
② aはよく混ぜ合わせる。
③ フライパンを油をひかずに中火で熱し、/の厚揚げを入れ、ときどき転がしながら茶色い面を香ばしく焼く。全体がパリッとしたら器に盛り、混ぜ合わせたaをのせる。

お腹をすかせた彼が急に来たとき　まだある！　卵と豆腐おかずで深夜の小腹対策

\ まだある！／

余った野菜で
ヘルシー簡単副菜

使い残し野菜が冷蔵庫にいくつかあるときにはこんな小さな副菜を作ってみましょう。冷蔵庫も片付き、食卓も潤って一石二鳥。買い物に出られないときでもこれなら何か1品出来ますよ。

〔揚げさばと野菜のねぎしょうがだれ〕

● 材料〈2人分〉

さば(三枚おろし)▶1尾
かぼちゃ▶100g
さつまいも▶小1本
しし唐▶6本
a｜酒▶小さじ1
 ｜塩▶少々
片栗粉▶適量
揚げ油▶適量

B｜長ねぎ▶20cm
 ｜しょうが▶1かけ
 ｜しょうゆ▶大さじ1
 ｜酢▶大さじ1
 ｜みりん▶小さじ1
 ｜ごま油▶小さじ½
 ｜おろしにんにく
 ｜　▶小さじ¼

● 作り方

① さばは小骨を除き、大きめの一口大に切る。かぼちゃとさつまいもは7〜8mm厚さの食べやすい大きさに切る。しし唐は竹串などで穴をあける。Bの長ねぎは5mm角に切る。しょうがはみじん切りにする。
② Bは混ぜ合わせ、ねぎしょうがだれを作る。
③ さばの両面にaをなじませ、10〜15分おく。
④ さばから出た水分をキッチンペーパーでふき取る。両面に片栗粉をまぶし、粉をはたく。
⑤ 揚げ油を160℃に熱し、かぼちゃ、さつまいも、しし唐を入れる。しし唐は30秒ほどで油から上げる。かぼちゃ、さつまいもは何度か返し、全体が薄く色づいたら油から上げる。
⑥ 揚げ油を170℃に上げ、4のさばを入れる。しばらく触らずに2分ほど揚げ、衣が固まったら返す。全体にこんがりと色づいたら、油から上げる。野菜とともに器に盛り、2のたれをかける。

[キャベツの塩もみ すだち風味]

●材料〈2人分〉
キャベツ▶1/6個(200g)
青じそ▶3枚
塩▶小さじ1/2
すだち(または好みの柑橘類)▶1/2個

●作り方
① キャベツと青じそはそれぞれせん切りにする。
② ボウルにキャベツを入れ、塩をふって全体になじませ、5〜10分おく。
③ キャベツから出た水分をしっかり絞り、別のボウルに移す。すだちの果汁を絞って加え、青じそを加えてさっとあえる。器に盛り、すだち(分量外)を添える。

[せん切り野菜たっぷりのおつゆ]

●材料〈2人分〉
大根▶50g(1.5cm)
にんじん▶1/5本
えのきだけ▶小1/2袋
長ねぎ▶5cm
だし汁(昆布と削りがつおの一番だし)▶250mℓ
酒▶小さじ1
薄口しょうゆ▶小さじ1
三つ葉▶適量

●作り方
① 大根とにんじんは薄切りにしてからせん切りにする。えのきだけは石づきを除き、長さを半分に切ってほぐす。長ねぎは縦2等分に切り、せん切りにする。
② 鍋にだし汁、大根、にんじん、えのきだけを入れて中火にかける。3分ほど煮て、大根がやわらかくなったら長ねぎを加えてさっと煮る。
③ 酒と薄口しょうゆを加えて混ぜ、味をみて、足りなければ塩(分量外)でととのえる。器に盛り、三つ葉を添える。

お腹をすかせた彼が急に来たとき まだある! 余った野菜でヘルシー簡単副菜

［なすときゅうりの浅漬け］

●材料〈2人分〉
なす▶1本
きゅうり▶½本
釜揚げしらす▶大さじ1
青じそ▶2枚
塩▶小さじ½
いり白ごま▶少々

●作り方
① なすはへたを除いて縦半分に切り、薄い半月切りにする。きゅうりは小口切りにする。ともにボウルに入れて塩をふり、5分ほどおく。
② 1の水けを絞り、器に盛る。しらすをのせ、ごまをふり、せん切りにした青じそをのせる。

［シャキシャキピーマンの梅おかか和え］

●材料〈4人分〉
ピーマン▶2個
梅干し▶1個
かつお節▶小1パック(3g)
みりん▶小さじ½

●作り方
① ピーマンは縦2等分に切り、へたと種をきれいに除き、縦にせん切りにする。
② 鍋に湯を沸かし、ピーマンをさっとゆでる。緑色が鮮やかになったらすぐざるに上げ、そのまま粗熱を取る。
③ 梅干しは種を除き、包丁でペースト状になるまでたたく。ボウルに入れ、みりんを加えて混ぜる。2のピーマン、かつお節を加えてあえる。味をみて、好みでみりん(分量外)を足してもよい。

Scene 5

彼の友だちカップルとワイワイ

ワタナベマキさんに教わる
センス抜群のおもてなし料理と手みやげ

簡単なのにスタイリッシュ。センスあふれるワタナベさんのレシピの中から、友だちカップルと楽しく過ごせるおもてなしメニューを教えていただきましょう。さりげなく"料理ができる彼女""気が利くおもてなし"アピールもできちゃう、とっておきのレシピです。

［じゃがいもと漬け卵のサラダ］

みんなの大好物ポテトサラダを和風にアレンジ。しょうゆやみりんで漬けた半熟卵とじゃがいもの意外な組み合わせに青じその香りで、サプライズ感を演出できます。時間が経つと味がなじむから、おもたせおかずにもぴったり。

● 材料〈4人分〉

じゃがいも ▶ 5個
卵 ▶ 3個
青じそ ▶ 6枚
いり白ごま ▶ 大さじ1
a｜しょうゆ ▶ 大さじ2
　｜みりん ▶ 大さじ2
　｜酢 ▶ 大さじ1
　｜水 ▶ 大さじ1
ごま油 ▶ 大さじ1

● 作り方

① じゃがいもは皮をむき、6〜8等分に切って水にさらす。
② 卵は室温に戻し、沸騰した湯に入れ、8分ほどゆでる。冷水にとって殻をむく（好みのゆで加減でも）。
③ 小鍋に a を入れて一煮立ちさせて火を止め、熱いうちに 2 のゆで卵を入れる。ときどき漬け汁を回しかけながら、10分ほどおいて味をなじませる。
④ 鍋にたっぷりの水とじゃがいもを入れ中火にかける。沸騰したら弱火にし、8分ほどゆでる。じゃがいもに火が通ったらいったん湯を捨てて再び中火にかける。焦げないようにときどきへらで混ぜ、鍋をゆすって残った水分をとばし、粉ふきいもにする。
⑤ ゆで卵は縦4等分に切り、4 の鍋に加え、味をみながら卵の漬け汁大さじ1〜2、ごま、ごま油、手でちぎった青じそを加えて軽く混ぜる。

Point じゃがいものゆで汁を捨てたら、底にじゃがいもの膜ができるくらいまでしっかり水けをとばしてホクホクに仕上げましょう。

［豚肉となすとトマトのチリ煮込み］

厚切りのとんかつ用肉を大胆に使った煮込みは男性ウケ間違いなし。ピリッとした辛みでお酒も進みますね。前もって煮込んでおいて、お客様が来たらパッと出し、手際の良さもアピールできちゃいます。

● 材料〈4人分〉

豚肩ロースとんかつ用肉
　▶3〜4枚（350g）
なす▶4本
玉ねぎ▶1個
にんにく▶1かけ
ホールトマト缶▶1缶（400g）
薄力粉▶大さじ2
白ワイン▶50㎖
赤唐辛子（小口切り）▶1本
塩▶小さじ1
粗びき黒こしょう▶少々
オリーブオイル▶大さじ2

● 作り方

① 豚肉は2cm幅に切り、薄力粉を薄くまぶしてはたく。なすはへたを除き、1.5cm厚さの輪切りにして水にさっとさらし、水けをきる。玉ねぎは8等分のくし形切りにする。にんにくは包丁の腹でつぶす。赤唐辛子は種を除く。

② フライパンににんにくとオリーブオイルを入れ、中火にかける。香りが立ったら1のなすを並べ入れ、なるべく触らずに焼きつける。焼き色がついたら返し、なすをフライパンの片側に寄せ、あいたところに豚肉を並べ入れる。触らずに焼きつけ、肉に焼き色がついたら返し、玉ねぎを加えてさっと炒める。

③ 全体に油がまわったら白ワインを回しかけ、ホールトマトを手でくずしながら加え、赤唐辛子を加えて一煮立ちさせる。あくが出たら除き、ふたをして弱火で15分ほど煮る。塩、こしょうで味をととのえる。

Point 豚肉は薄力粉をまぶすことでカリッと焼き上がり、たれもからみやすくなります。辛い味が好きなゲストなら赤唐辛子多めでも。

［鶏肉のマスタードグリル］

たれをもみ込んで焼くだけで、ごちそう感満載！ あらかじめ準備し、「あとは焼くだけ」にしておけば「段取り上手！」とほめられそう。また、冷めてもおいしいのもおもてなし向き。

● 材料〈4人分〉

鶏もも肉 ▶ 大2枚（1枚300g）
じゃがいも ▶ 4個
紫玉ねぎ ▶ 1個
パプリカ（赤・黄）▶ 各1個
フレッシュローズマリー ▶ 3〜4本
塩、粗びき黒こしょう ▶ 各少々
オリーブオイル ▶ 大さじ2
ａ ┃ 粒マスタード ▶ 大さじ3
　 ┃ 白ワイン ▶ 大さじ2
　 ┃ 塩 ▶ 小さじ1¼
　 ┃ おろしにんにく ▶ 2かけ分

● 作り方

① 鶏肉は余分な脂肪を除く。じゃがいもは皮つきのままよく洗い、6〜8等分に切って水にさらし、水けをきる。紫玉ねぎは8等分のくし形切り、パプリカはへたと種を除いて縦に2cm幅に切る。

② バットなどに鶏肉を入れ、ａをしっかりもみ込む。

③ フライパンにオリーブオイルを中火で熱し、鶏肉を皮目を下にして並べ入れる。なるべく触らずに3〜4分焼きつける。

④ こんがりと焼き色がついたら返し、じゃがいも、紫玉ねぎ、パプリカを加える。じゃがいもがなるべく鶏肉の下になるようにして、表面に最後にローズマリーをのせる。ふたをして、弱火で10分ほど蒸し焼きにする。塩、こしょうで味をととのえる。

Point 蒸し焼きにするときは、野菜と肉の順番を調整。じゃがいもは火が通りにくいので下のほうに、うまみのもとになる鶏肉は上にのせます。

彼の友だちカップルとワイワイ

アプリをダウンロード！　詳しい作り方を動画でもチェック！

［魚介のセビーチェ］

セビーチェは南米でおなじみのお刺身のマリネです。魚介の風味に柑橘類や白ワインビネガーの香りが加わり、いくらでも食べられそうなおいしさ。トレビスの苦みと華やかさが大人っぽくておしゃれなおもてなしの一品に。

●材料〈4人分〉
帆立て貝柱（刺身用）▶8個
鯛（刺身用さく）▶200g
ゆでたたこ▶200g
玉ねぎ▶½個
トレビス▶½個
レモン▶1個
パセリ▶大さじ2
a にんにく▶1かけ
　白ワインビネガー
　　▶大さじ1
　塩▶小さじ1
オリーブオイル▶大さじ4
粗びき黒こしょう▶少々

●作り方
① 帆立ては3等分のそぎ切りにする。鯛は2cm角に切る。たこはさっと洗い、キッチンペーパーで水けをふき、7～8mm厚さの輪切りにする。玉ねぎは薄切りにし、5分ほど水にさらし、ざるに上げて水けをきる。
② ボウルに帆立て、鯛、たこを入れて軽く混ぜる。a、レモン½個分の果汁を加えてあえる。
③ 2のボウルにキッチンペーパーで水けをふいた玉ねぎと手でちぎったトレビスを加えてあえる。パセリ、オリーブオイル、こしょうを加えてさっと混ぜ合わせる。仕上げに残りのレモンを輪切りにして飾る。

Point 先に魚介類にしっかり味をつけておくと、味がぼやけません。野菜の水けも味がぼやける原因になるのでしっかりきって。

彼の友だちカップルとワイワイ

［セロリとえびの春巻き］

ピンクのえびとセロリのグリーンがパーティにふさわしい華やかさ。春巻きはみんな大好きだし、おつまみにもお腹の足しにもなるオールマイティな1品ですよ。

● 材料〈4人分〉

春巻きの皮 ▶ 8枚
セロリ（葉つき）▶ 2本
むきえび ▶ 300g
しょうが ▶ 2かけ
片栗粉 ▶ 大さじ2
塩 ▶ 小さじ1/3
酒 ▶ 小さじ2
揚げ油 ▶ 適量
a ┃薄力粉 ▶ 大さじ1
　┃水 ▶ 大さじ1½

● 作り方

① セロリは茎のすじを除き、半分の長さに切ってせん切りにする。葉もせん切りにする。しょうがはみじん切りにする。aは混ぜ合わせ、のりを作る。

② えびは片栗粉をもみ込み水で軽く洗い、キッチンペーパーで水けをふく。包丁で粗めにたたいてボウルに入れ、しょうが、塩、酒を加えて混ぜる。

③ 春巻きの皮の手前部分に、セロリの茎、えび、セロリの葉を1/8量ずつのせて巻き、巻き終わりにaののりを塗ってとめる。これを8本作る。

④ フライパンに揚げ油を深さ1.5cmほど入れ、170℃に熱する。③の春巻きを並べ入れ、しばらく触らずに揚げ焼きにする。返して両面こんがりと色づいたら油から上げる。

Point 生のえびを使うときはこの手順で下処理を。片栗粉が汚れを吸着してくれ、洗い流すだけできれいになり、臭みもなくなります。

［マッシュルームとサラミのアヒージョ］

彼の友だちカップルとワイワイ

温かくても冷めてもおいしいアヒージョ。ガラスのジャーに詰めてホームパーティへ持っていけば"こなれた料理ができる彼女"アピールもばっちり！ おいしいパン屋さんのバゲットも一緒に持参しましょう♪

● 材料〈4人分〉

マッシュルーム ▶ 20個
サラミ ▶ 150g
玉ねぎ ▶ ½個
ⓐ 赤唐辛子 ▶ ½本
　 にんにく ▶ 1かけ
　 白ワイン ▶ 50㎖
　 塩 ▶ 小さじ¼
　 オリーブオイル ▶ 80㎖
粗びき黒こしょう ▶ 適量

● 作り方

① マッシュルームは石づきを除いて縦半分に切る。サラミは1㎝厚さの半月切りに、玉ねぎは1㎝幅に切る。にんにくは包丁の腹でつぶす。赤唐辛子は種を除く。

② 鍋にⓐ、玉ねぎ、マッシュルーム、サラミを入れて中火にかける。

③ オイルが煮立ったら上下を返してひと混ぜし、弱火にする。ときどき混ぜながら、しんなりするまで8分ほど煮る。仕上げにこしょうをふる。

Point グツグツ煮立たせるアヒージョではなく、油煮。香りを移した油をじっくりしみ込ませるので、冷めてもおいしいのです。

［ゴルゴンゾーラのパウンドケーキ］

甘いものが苦手な男性陣もこれなら大丈夫。ワインがついつい進んでしまう、大人のためのおつまみパウンドケーキです。バターを使わず、チーズにぴったりのオリーブオイルで香りをプラス。

● 材料

〈17×8×6cmのパウンド型1台分〉
ゴルゴンゾーラチーズ▶150g
卵▶2個
グラニュー糖▶60g
a 薄力粉▶150g
　塩▶1つまみ
　ベーキングパウダー
　　▶小さじ1
オリーブオイル▶50mℓ

● 作り方

① ゴルゴンゾーラチーズは2cm角に切る。卵は室温に戻す。aは合わせてふるう。パウンド型にクッキングシートを敷き込む。オーブンを180℃に予熱する。

② ボウルに卵を割り入れ、泡立て器でほぐす。グラニュー糖を2～3回に分けて加え、そのつどよくすり混ぜる。

③ 全体が白っぽくなるまで混ぜたら、ふるったaを2回に分けて加える。ゴムべらに持ち替えて、さっくりと切るように手早く混ぜる。

④ 粉っぽさがなくなったらゴルゴンゾーラチーズを加えて、1～2回軽く混ぜる。オリーブオイルを加えてさらに切るように混ぜる。

⑤ 型に流し入れ、型の底を台に3～4回打ちつけて中の空気を抜く。生地の表面に深さ1cmほどの切り込みを縦に入れ、180℃のオーブンで40分ほど焼く。型から出し、クッキングシートをはずして網の上で冷ます。2～3日おくとより味がなじむ。

［オレンジとグレープフルーツのスコップケーキ］

オーブンを使わず、市販のカステラとクリーム、季節のフルーツを重ねていくだけのお手軽なデザートです。大きめのスプーンですくって取り分ける瞬間がパーティのハイライトになりますね。

●材料
〈20×15×10cmの容器1台分〉
- オレンジ ▶ 2個
- グレープフルーツ ▶ 2個
- 生クリーム ▶ 200㎖
- グラニュー糖 ▶ 大さじ1
- アーモンド ▶ 10粒
- カステラ（市販）▶ 300g
- キルシュ（またはブランデー、ラム酒でも）▶ 大さじ2
- セルフィーユ ▶ 適宜

●作り方
① オレンジとグレープフルーツは皮と薄皮を除き、果肉を取り出す。カステラは1.5cm幅に切る。アーモンドはローストし、粗く刻む。
② ボウルに生クリームとグラニュー糖を入れ、八分立てに泡立てる。泡立て器を持ち上げるとリボン状に落ちるくらいまでが目安。
③ 容器に適量のカステラを敷き詰め、上面にはけでキルシュを塗る。1/3量の生クリームをかけ、その上に適量のオレンジとグレープフルーツを小さめに切ってランダムにのせる。
④ 3の上にさらに1/3量の生クリームをかけ、残りのカステラを敷き詰める。同様にキルシュを塗り、残りの生クリームとフルーツをのせ、仕上げに刻んだアーモンドを散らす。好みで刻んだセルフィーユを飾る。

Point カステラの代わりに市販のスポンジケーキでもできます。フルーツは、すくいやすいように小さめに切るのがポイントです。

\まだある！/

テーブル映え抜群の
おもてなし副菜

メイン料理を決めたら、あともう1品。彩りのいいサラダや混ぜご飯にも挑戦してみてください。おもてなし副菜は少しずついろいろあったほうがうれしいので材料の分量を少なめで記載していますが、おもてなしする人数が多い場合は適宜増やしてくださいね。

［カラフルピンチョスサラダ］

●材料〈2人分〉
赤パプリカ▶︎½個
アボカド▶︎½個
ミニトマト▶︎3個
ベビーリーフ▶︎適量
a │ マヨネーズ▶︎大さじ1
  │ タバスコ▶︎少々
B │ オリーブオイル▶︎大さじ1
  │ 塩▶︎少々

●作り方
① パプリカはへたと種を除き、2㎝角に切る。アボカドは種に沿って切り目を入れ、ひねって半分に割る。皮をむき、パプリカと同じくらいの大きさに切る。ミニトマトは横半分に切る。
② つまようじに1をバランスよく刺し、ベビーリーフをのせた器に盛りつける。
③ a、Bをそれぞれ混ぜ合わせてソースを作り、添える。

[ころころコブサラダ]

●材料〈2人分〉
ささ身▶2本
トマト▶½個
アボカド▶½個
ゆで卵▶1個
レタス▶3枚
黒オリーブ(種なし)▶4個
白ワイン▶大さじ1
a | マヨネーズ▶大さじ2
　| トマトケチャップ▶小さじ1½
　| チリパウダー(または一味唐辛子)▶小さじ¼

●作り方
① ささ身は包丁ですじを切り取る。鍋に湯を沸かして白ワインを加え、ささ身を1分30秒ゆでる。火を止め、そのまま余熱で火を通し、完全に冷ます。
② ささ身、トマト、ゆで卵は1cm角に切る。アボカドは種に沿って切り目を入れ、ひねって半分に割る。皮をむき、1cm角に切る。レタスは食べやすい大きさに手でちぎり、冷水にさらし、キッチンペーパーで水けをよくふく。オリーブは2mm厚さほどの薄切りにする。
③ ボウルに a を入れ、なめらかになるまでよく混ぜる。
④ 器にレタス、ささ身、トマト、アボカド、ゆで卵をバランスよく盛り、黒オリーブをのせる。3のソースを添える。

[コーンとアーモンドの混ぜご飯]

●材料〈2人分〉
スイートコーン(水煮)▶80g
ローストアーモンド▶6粒
酒▶大さじ1
しょうゆ▶小さじ1
温かいご飯▶茶碗2杯分
塩、こしょう▶各少々
オリーブオイル▶小さじ1

●作り方
① アーモンドは粗く刻む。
② フライパンにオリーブオイルを中火で熱し、汁けをきったコーンを入れて炒め、全体に油がまわったら酒を加え、さらに汁けがなくなるまで炒める。鍋はだからしょうゆを加え、香りが立ったら火から下ろす。
③ ご飯に1と2を加えてさっくりと混ぜ、塩、こしょうで味をととのえる。

彼の友だちカップルとワイワイ　まだある！おもてなし副菜

［ツナとゆで卵のサラダ］

●材料〈2人分〉
ツナ缶▶小1缶(80g)
卵▶2個
玉ねぎ▶¼個
サニーレタス▶4枚
バジル▶6枚
a フレンチマスタード▶大さじ1
　白ワインビネガー▶大さじ1
　塩▶小さじ¼
　こしょう▶少々
　オリーブオイル▶大さじ1

●作り方
① ツナは油を軽くきる。卵は室温に戻し、沸騰した湯に入れ、8分ゆでる。冷水にとって冷まし、殻をむいて半分に切る。
② 玉ねぎは繊維に沿って2mm厚さの薄切りにし、水に5分ほどさらし、ざるに上げて水けをよくきる。
③ ボウルに*a*を順に入れ、分離しないように泡立て器でよく混ぜる。オリーブオイルは最後に少しずつ加え、そのつど混ぜる。
④ サニーレタスは手で食べやすい大きさにちぎって、器に盛り、*1*と*2*をのせる。バジルを手でちぎって散らし、*3*をかける。

［にんじんとくるみのエスニックサラダ］

●材料〈2人分〉
にんじん▶1本
くるみ▶30g
紫玉ねぎ▶½個
イタリアンパセリ▶2枝
塩▶小さじ½
こしょう▶適量
オリーブオイル▶大さじ1
a ナンプラー▶小さじ1
　レモン汁▶大さじ1

●作り方
① にんじんはせん切りにし、塩をふってしんなりするまでもんで5分ほどおき、水けをよく絞る。紫玉ねぎは繊維に沿って薄切りにし、水に5分さらしてざるに上げ、水けをふく。イタリアンパセリはみじん切りにする。ローストしたくるみは、すり鉢で粗くすりつぶす。
② ボウルに*1*を入れ、軽く混ぜる。*a*を加えて混ぜ、イタリアンパセリ、オリーブオイル、たっぷりのこしょうを加えて混ぜる。

[豚肉とあさりの白ワイン煮]

●材料〈2人分〉
豚ロースとんかつ用肉▶2枚(300g)
あさり▶300g
玉ねぎ▶½個
セロリ▶1本
ミニトマト▶6個
にんにく▶1かけ
タイム▶3本
白ワイン▶80㎖
塩▶適量
こしょう▶少々
オリーブオイル▶大さじ1
レモン▶適宜

●作り方
① あさりは塩水に1時間ほどひたして砂出しし、水けをしっかりきる。豚肉は1.5㎝幅に切る。玉ねぎは7～8㎜幅に切る。セロリは茎を7～8㎜幅の斜め切りにし、葉は残しておく。ミニトマトは横半分に切る。にんにくは包丁の腹でつぶす。
② 鍋にオリーブオイルとにんにくを中火で熱し、香りが立ったら豚肉、玉ねぎ、セロリを加えて炒める。
③ 肉の色が変わったら、白ワイン、タイム、刻んだセロリの葉を加える。煮立ったらふたをし、弱火で10分ほど蒸し煮にする。
④ あさりとミニトマトを加え、再びふたをして5分ほど煮る。あさりの口が開いたら、塩、こしょうで味をととのえ、器に盛る。好みでレモンを添える。

[たこのマリネ]

●材料〈2人分〉
ゆでたこ▶150g
紫玉ねぎ▶¼個
パセリのみじん切り▶大さじ1
a　レモン汁▶大さじ1
　　おろしにんにく▶½かけ分
　　塩▶小さじ¼
　　オリーブオイル▶大さじ1
　　こしょう▶少々

●作り方
① たこはさっと水洗いし、キッチンペーパーで水けをふき、5㎜厚さの輪切りにする。紫玉ねぎは繊維に沿って2㎜厚さの薄切りにし、水に5分ほどさらし、ざるに上げて水けをきる。
② 大きめのボウルにaを入れ、オリーブオイルとレモン汁がとろりとしてしっかり混ざるまで泡立て器でよく混ぜる。
③ たこを加えて混ぜ、ドレッシングをよくなじませる。紫玉ねぎとパセリを加えてざっと混ぜる。

彼の友だちカップルとワイワイ　まだある！おもてなし副菜

［じゃがいものポタージュ］

●材料〈2人分〉
じゃがいも▶2個
玉ねぎ▶¼個
牛乳▶150㎖
ａ｜水▶200㎖
　｜白ワイン▶大さじ2
　｜固形コンソメ▶½個
塩▶少々
こしょう▶少々

●作り方
① じゃがいもは皮をむいて1㎝角に切り、水にさらしてざるに上げ、水けをきる。玉ねぎはみじん切りにする。
② 鍋に１とａを入れて中火にかける。一煮立ちしたらあくを除き、弱火にしてじゃがいもがやわらかくなるまで10分ほど煮る。
③ 木べらなどで２のじゃがいもをつぶし、牛乳を加え、煮立たせないように温める。塩、こしょうで味をととのえる。

［カリフラワーの白いスープ］

●材料〈2人分〉
カリフラワー▶⅓個
玉ねぎ▶⅓〜½個
パセリ▶小さじ1
粉チーズ▶少々
オリーブオイル▶小さじ1
ａ｜水▶450㎖
　｜白ワイン▶大さじ3
　｜固形コンソメ▶½個

●作り方
① カリフラワーは茎ごと1㎝角に切る。玉ねぎはみじん切りにする。
② 鍋にオリーブオイルを入れて中火にかけ、カリフラワー、玉ねぎを入れて炒める。玉ねぎの表面が少し透き通ってしんなりしてきたらａを加え、一煮立ちさせる。
③ カリフラワーがやわらかくなるまで弱火で12〜13分煮込む。器に盛り、粉チーズとみじん切りにしたパセリを散らす。

［鮭ときのこのホイル蒸し］

●材料〈2人分〉
生鮭▶2切れ
しめじ▶50g
玉ねぎ▶⅓個
ミニトマト▶4個
レモンの半月切り▶適量
塩▶小さじ½
こしょう▶少々
ａ｜白ワイン▶大さじ2
　｜オリーブオイル▶小さじ1

●作り方
① 鮭は両面に塩をふり、20分ほどおく。水けが出たらキッチンペーパーでふき取る。
② しめじは石づきを除き、小房にほぐす。玉ねぎは繊維に沿って7〜8㎜幅に切る。
③ アルミホイルに1、2、ミニトマトをのせ、ａを回しかける。上部を包んでから両端をとじ、オーブントースターで10分焼く。こしょうをふり、レモンを添える。

彼の友だちカップルとワイワイ　まだある！ おもてなし副菜

得意なお料理が増えれば大切な人のハートと胃袋はあなたのもの！

アプリをダウンロード！　詳しい作り方を動画でもチェック！

Profile

笠原将弘さん

恵比寿の日本料理店「賛否両論」店主。プロの技をわかりやすく家庭料理に反映し、「身近なおかずがいつもよりおいしくなる！」とゼクシィキッチンでも大人気。テレビ出演やレシピ本の執筆も多く、近著に『笠原将弘の和食道場』(扶桑社)などがある。

坂田阿希子さん

料理研究家、studio SPOON主宰。料理家のアシスタント、フランス料理店・フランス菓子店での勤務を経て、独立。読むだけで作りたくなるレシピに定評があり、ジャンルも幅広い。近著に『坂田阿希子の肉料理』(文化出版局)など。

SHIORIさん

料理家。2007年に出版された『作ってあげたい彼ごはん』(宝島社)はシリーズ累計340万部のベストセラーに。「若い女の子にもっと料理を楽しんでもらいたい」と愛情込めたレシピを教えている。近著に『ヘルシーだから続けたくなる カラダ想いな朝ラク弁当』(講談社)など。

青山有紀さん

中目黒にある「青家」「青家のとなり」オーナーシェフ。京都府出身で、母親から受け継がれた京おばんざいや京甘味をアレンジしたメニュー提案も多い。韓国料理にも造詣が深く、さらに国際中医薬膳師の資格を持ち、ヘルシーで美容にもうれしいレシピが豊富。

ワタナベマキさん

デザイナーを経て、料理家に。忙しい人が段取りよく作れるレシピにファンが多い。旬の素材を使った保存食や乾物料理、常備菜など、ていねいに暮らすための提案も得意とする。近著に『ひとつの野菜で作りおき』(リットーミュージック)など。

ブックデザイン	塙 美奈(ME&MIRACO)
撮影	竹内章雄(P43〜60、P77〜93)
	馬場わかな(P9〜24、P61〜76)
	三木麻奈(P25〜42)
スタイリング	中村和子
構成	北條芽以
取材補助	山田祥子
撮影協力	中島智也(ゼクシィキッチン)
	池田美沙枝(ゼクシィキッチン)
	色井 香(ジーシェフ)
	田中あずさ(ジーシェフ)
	望月あかね(ジーシェフ)
	近野正孝(スマイルオン)

講談社のお料理BOOK

人気料理家5人が伝授
ふたりで食べる日のとっておきレシピ

2017年3月23日　第1刷発行

著　者　笠原将弘、坂田阿希子、SHIORI、青山有紀、ワタナベマキ
発行者　鈴木 哲
発行所　株式会社 講談社　〒112-8001 東京都文京区音羽2-12-21
　　　　電話(編集)03-5395-3527　(販売)03-5395-3606　(業務)03-5395-3615
印刷所　凸版印刷株式会社
製本所　株式会社国宝社

定価はカバーに表示してあります。
落丁本・乱丁本は、購入書店名を明記のうえ、小社業務あてにお送りください。
送料小社負担にてお取り替えいたします。
なお、この本についてのお問い合わせは、生活文化部 第一あてにお願いいたします。
本書のコピー、スキャン、デジタル化等の無断複製は著作権法上での例外を除き禁じられています。
本書を代行業者等の第三者に依頼してスキャンやデジタル化することは、
たとえ個人や家庭内の利用でも著作権法違反です。

Ⓒ Masahiro Kasahara, Akiko Sakata, Shiori, Yuki Aoyama, Maki Watanabe 2017, Printed in Japan
ISBN978-4-06-299692-1